APRES LES ELECTIONS PRESIDENTIELLES DISPUTEES...

VICTOIRE DE L'ARMEE KONGOLAISE...

Certains ont dit, d'autres ont ecrit :

Avant ropos

Ecrire un livre n'est pas seulement mettre sur la feuille ses propres mots o uses propres idées; C'est encore mettre sur une feuille les idées des autres qui ont dit ou qui ont écrit avant.

Devenir auteur c'est mettre ensemble des idées, ses propres idées et celles des autres. Toutefois, il faut que les lecteurs puissent savoir de qui sont venus ces idées ou ces écrits.

Dans ce livre, nous mettons sur des feuilles des idées dites ou écrites par de autres, nous avons pris soins de rassembler ce que les autres ont dit ou ont écrit. Peut être, demain, ils auront l'idée de rassembler aussi les idées dites ou écrits par les autres.

Nous remercions d'avance tous ceux qui de loin ou de prêt, ont dit ou ont écrit, certaines idées sur ce que serait la suite des événements, âpres les élections de novembre 2012.

L'idée nous est arrivée de l'écrit de notre ami et frère, Karanga C. Kapela, professeur des universités au Canada. Dans sa cogitation sur la RD Congo a propos des événements après des élections présidentielles de novembre 2012. Il se demandait ce que serait des événements après ces élections.

Comme nous sommes de bons lecteurs sur le Web, nous avons trouve que beaucoup se posaient la même question de savoir ce que serait la RD Congo après ces élections.

L'idée nous est arrivée de rassembler tous ces écrits sous un livre, afin de mettre à l'Honneur les préoccupations de ces Citoyens. Ainsi par le bais d'un livre, nous allons essayer de mettre ensemble ce que les autres ont dit ou ont écrit.

Que tous ceux qui trouveront dans ces pages leurs propos honorés, daignent constater ici l'expression de notre bonne volonté.

Nous remercieront tous ces auteurs anonymes, pour leur lutte en faveur de la République Démocratique du Kongo, leur Pays qu'ils aiment tant.

Nous les remercions pour leur précieux temps qu'ils ont mis a la disposition de leur beau Pays ; il faut qu'ils sachent que leur temps déployé n'est pas perdu, car ils ont laisse pour des générations a venir une trace, une tache et une leçon de combat pour leur beau Pays, La

République Démocratique du Kongo, si convoitée par toutes Nations les nations.

Enfin ils trouveront encore ici, la gratitude de l'Auteur qui a rassemble leurs idées ou leurs écrits.

Auteur.

1. La Majorité Kongolaise.

La Majorité Kongolaise est l'ensemble de la population

la plus représentative du Kongo.

1. Nous avons des ANAMONGO.
2. Nous avons des LUNDA (Luba)

Les Anamongos (les Enfants de Mongo,) appelés parfois Bangala, représentent les 45 % de la Population Kongolaise ; on sait trouver les Anamongo dans toutes des provinces de L'EMPIRE LUNDA (du Kongo.) Leur proche Ancêtre commun est Woto. Ce sont des anciens de Royaume Mongo, qui vivaient au Nord de l'actuel Kongo. C'est-a-dire, de Haut Kongo, de L'Equateur a Bandundu. Ce sont des Lokele, des Topoke, des Bambole, des Babuwa, des population dite Bangala, des Mongo, des Bansakata, des Mayi dombe, des Bandundu etc.

Les Lundas (Les Amis,) appelés abusivement des Baluba. Leur Ancêtre proche est Kole Kafukile   ou Tshifukile, fils de KOLE MUANA. Ils vivent de l'Est à l'Ouest du Kongo. On peut dire, de Kivu au Bas Kongo. Les Lunda ou des villageois s'étaient regroupés en Amis afin de créer l'Harmonie et la Concorde dans la Région ; ce sont des Shankadi, des Lolo, des Kapanga, des Muswumba, des Barega, des Bashi, des Bahavu, des Bajila Kasanga, des Bantandu, des Bayombe, des l'Angola actuel, des Bolobo, des Bateke, des Gabonais actuels, des Mbala, des Pende, des Kasonga Lunda, des Bandibu, des

Bakua Lukusa, Bena Ilunga, des Bakwa Kolonji, tous les Bena Mukuna et des Bena Cibanda du Kasai Oriental, des Bandibu, des Basuku, des Bayanzi, des Bambunda, Bena Kasonga Nyembwe, Bena Mutombo Mukuna,Bena Mucipayi, des Bashilange, Bena Mucipayi, Bena Kanyoka, Babindji, Batchokwe, Bimbunda, Bakwa Luntu, Bena Konji etc.   C'est tout le Monde de l'Afrique Centrale qui composait l'Empire Lunda de triste mémoire. Mais le nom du Kongo vient de la Province Occidentale de l'Empire,' la Banza Kongo,' qui n'était qu'une partie de l'Angola actuel, qui était aussi une partie de l'EMPIRE LUNDA, qui regroupait aussi, le Kongo Brazzaville actuel, le Gabon, l'Angola et le Sud de Cameroun.

Les Westerns ont ignoré l'Organisation de l'Empire et leur civilisation en leur imposant la civilisation Occidentale issue de Conférence de Berlin ; Ce sont les Allemands de Otto Von Bismarck Léopold, qui régnait déjà en Zanzibar et Tanganyika par ses explorateurs. Bismarck poussa tous les Occidentaux à pénétrer au sein de l'Afrique Centrale (Empire Lunda) qu'il considérait comme des pays sans Maîtres, pourtant il y avait des Chefs dits Coutumiers comme Maîtres de toutes ces populations, avec chacun son village ou il imposait son Autorité. D'ailleurs, Stanley avait signé les accords de collaboration avec ces chefs, l'Occident transforma ces accords de Collaboration en Accords d'Occupation. Par une ruse politique, Leopold II, tricha beaucoup autour de ces acccords, alors qu'il etai t au Kongo en tant

President de 'ASBL (Etat Independant du Kongoou EIC.) Drole d'appelation qui agissait comme un Etat.

En entrant au Kongo, Bismarck n'avait pas le souci de gouverner les villages, mais de les exploiter, son organisation s'appelait 'ETAT INDEPENDANT DU KONGO, OU E.I.C.) En tant qu'ASBL ou Organisation non gouvernementale, son Représentant et Président de l'Organisation fut Léopold II, Roi des Belges, et le Secrétaire General de l'Organisation était Francis Watson, qui ne sont jamais arrives au Kongo, et firent semblant de réaliser au Kongo les projets que le Maître Bismarck et ses explorateurs avaient initiés ; ces projets avaient trait à l'Esclavage en accord avec des Arabes et Arabisés DE ZANZIBAR. Les Lunda (Baluba,) ignorant tout de ce qu'est cette la réalisation des projets, confondaient cette tache à celle de l'autorité Gouvernementale, alors qu'il n'en était pas ainsi ; car l'E.I.C. n'était pas une Organisation gouvernementale. Aussi le nom de Léopold étant celui de Bismarck, la Confusion s'installa de belle lurette.
 Après la mort de Von Otto Bismarck Léopold, étant donné le refus de plusieurs pays, les Belges vinrent invités à la demande de conseil de CHARTE. Pour assurer d'une Autorité morale de protection de l'Economie venant de Conseil de Charte, ils se sont donnés la peine d'organiser le Pays, Les Belges regroupèrent les Kongolais en six provinces, avec des Populations dites diverses, par l'ignorance Belge, de l'existence des enfants ayant un Ancêtre

commun, Kole Muana. Comme ces frères et sœurs étaient nombreux, on les divisa dans les villages faciles à gouverner, avec des noms venus de Belges. D'où l'existence de soi-disant beaucoup de villages. Ces beaucoup de villages deviendront des tribus ayant des noms issus de l'Organisateur Belge.

De tous ces villages on noterait l'existence de langues communes qui s'étendait sur une grande région, mais les Belges appelèrent toutes ces grandes langues tantôt dialectes, tantôt langues parentes, pourtant des soi –disant dialectes traçaient seulement la provenance de tous ces peuples.

En procédant par ces langues on aura des Anamongo 45%, et les Lunda (Baluba) 35%, soit 80% de la population Kongolaise, plus des autres populations venues des voisinages extérieurs de l'Empire Mongo et de l'Empire Lunda. Des Anamongo revenaient de Royaume Mongo, tandis que les Lunda venaient de l'Empire Lunda. En verite, le nom de la RDCongo doit etre' EMPIRE LUNDA ou L'empire des Amis, qui regroupe tous les chefs des villages et leurs sujets, appeles 'les Lunda.'

Pour donner la Paix et l'HARMONIE au Kongo (RDCongo,) il faut penser à toutes ces populations afin de construire la Concordance et le bon voisinage sociaux. Il faut que la représentation au niveau de Parlement et le Senat tienne compte de la Majorité Populaire. A titre d'exemple, il faudrait que les 80% soient reconnus et représentés comme tels. Quitte aux autres 20% d'occuper le reste des sièges.

Il ne faut pas que les intellectuels issus de la Minorité Populaire, soit de 20% jouent avec les institutions afin de se faire plus représenter que la Majorité. Un pays doit être représenté par la Majorité positive et non par La Minorité négative qui se constitue en Majorité Artificielle Négative. La Capitale et les chefs lieux de Provinces seraient représentés par les délégués par Quartiers. On ne peut pas avoir des députés élus dans les chefs lieux ou dans la Capitale, de sorte qu'on ne peut avoir un Muntandu élu de Kinshasa ou un Mumpende élu de Kinshasa, ni un Muluba élu de Kinshasa. Il en serait de meme qu'on ne peut avoir un Murega élu de Bukavu, ou un Mushi élu de Goma. Les représentations dites tribales ou de la Majorité Populaire, doivent se faire dans les villages ou le délégué est issu. Si dix villages Bansakata peuvent nous donner dix Bansakata délégués issus de différents villages, c'est beaucoup mieux qu'avoir dix délégués de même village que celui du Président du Parti. Nous allons éviter de la non Représentation des AnaMongo de Haut Kongo, en ne prenant que les Anamongo de L'Equateur, au risque d'oublier les AnaMongo de Bandundu, pourtant ils doivent être delégables, et représentables comme Population de la République. Même si nous aurons autant de Mongo de divers horizons de la République, pourvu qu'ils soient de la Population Kongolaise représentable et delégable. De cette manière, on va créer

l'Harmonie Populaire, peu d'Antagonie,
peu d'Opposition, et plus de la Fraternité
Républicaine.

Ce principe de la Majorité Populaire doit
s'appliquer dans tous les services officiels
de l'Etat. On ne doit pas avoir dix ministres
frères ou amis de Chefs du gouvernement.
Mais plutôt plus de Ministres de la
Majorité Populaire. Si le Parlement et le
Senat peuvent nous donner des Anamongo
de Haut Kongo, et les Anamongo de Kivu,
et de Kasai, on ne voit pas l'incovenient car
ils forment une population Kongolaise
déléguable et représentable.

On ne doit pas se plaindre du nombre
croissant des délégués, car cela reflète la
réelle présentation du Peuple. Celui qui
peut se plaindre est celui qui ne se
retrouve pas dans cette Majorité, donc un
Etranger ou un non Kongolais.
L'opinion doit savoir que la vraie
Civilisation vient d'un HOMME, d'une
Famille, D'UN VILLAGE, d'un territoire,
d'une Région, d'une Province, et d'une
République. Il ya de risque de voir un Pays
sans une Culture Dominante venant d'un
Coin donné par la Population donnée.
Normalement, la Majorité Populaire
amène avec elle, cette Civilisation là.
La civilisation d'exploitation ne peut
amener une Culture de Développement,
c'est-à-dire qui satisfait les Besoins de la
Population entière.
MMM.

2. Qui a tué le Maréchal Joseph Désiré Mobutu Sese Seko Kuku Ngwendu Wa Zabanga ?

Zen Kaadel Snippet unavailable
To Congo
Oct 26, 2006

----- **Forwarded Message** ----
From: Paul Katumba
<paulkatumba1@yahoo.fr>

Subject: [Congo] Qui a tué le Maréchal Joseph Désiré Mobutu Sese Seko Kuku Ngwendu Wa Zabanga ?

Qui a tué le Maréchal Joseph Désiré Mobutu Sese Seko Kuku Ngwendu Wa Zabanga ?

Mise en ligne le mardi 24 octobre 2006
....

Le maréchal Joseph Désiré Mobutu fut l'un des dictateurs les plus féroces de l'histoire de l'Afrique ; Arrivé au pouvoir grâce à un coup d'état militaire orchestré par les occidentaux le 24 novembre 1965, Mobutu a tenu son peuple d'une main de fer pendant 32 ans d'un pouvoir sans partage, qui a conduit ce pays potentiellement très riche à la faillite. Affaibli par la maladie, le dictateur congolais fut chassé du pouvoir en 1997, grâce à une rébellion conduite par le rebelle et trafiquant d'or Laurent Désiré Kabila, avec l'aide de certains pays voisins dont le Rwanda, l'Ouganda, le Burundi et l'Angola.

3. Re: [lecridesopprimes] Re: [congocitizen] FW: [PARLEMENTAIRE_DE BOUT_DE_UDPS]

Victoire

SKAM Jean-Luc J'ai vraiment pitiÃ© de ces gens qui continuent quand-mÃªme Ã croire Ã la magie bien que plusieurs dÃ©marches qu'ils ont eues Ã entreprendre dans ce sens se sont soldÃ©es par des Ã©checs cuisant. Et, c'est la radio onusienne, le mieux po
To
lecridesopprimes@yahoogroupes.frcongocitizen @yahoogroups.caCongoElite@yahoogroupes.fr and 5 More...
Mar 12

J'ai vraiment pitié de ces gens qui continuent quand-même à croire à la magie bien que plusieurs démarches qu'ils ont eues à entreprendre dans ce sens se sont soldées par des échecs cuisant. Et, c'est la radio onusienne, le mieux possible, sait répondre pour nous à cette énième bourde montée de toutes pièces par les gens de l'opposition alimentaire de la RDC.

http://radiookapi.net/actualite/2013/03/10/kinshasa-la-police-disperse-des-militants-partis-accueillir-etienne-tshisekedi-laeroport-de-ndjili/

```
Mais...nous sommes tous conscients
d'une chose, c'est que …"Ils nous
feront la guerre mais ils ne nous
vaincront jamais"..." Ne jamais
trahir          le          Congo"
```

SKAM

4. on Fri, 12/28/12, Adelbert Kabuya *<adelbertkabuya@yahoo.fr>* wrote:

From: Adelbert Kabuya

<adelbertkabuya@yahoo.fr>
Subject: [congocitizen] Tr : Martin Fayulu, Prof Kalele, Fabrice Puela des FAC declarent dans un point de presse" C'est Kabila , le probleme"

To: "congocitizen@yahoogroups.ca"
<congocitizen@yahoogroups.ca>
Date: Friday, December 28, 2012, 9:05 AM

5. Congo] Présidentielle 2006 : 13 candidats virtuellement hors course

Bin Mudia Snippet unavailable
To
congo@yahoogroupes.frcongocultures@yahoogr
oupes.frcongokin-tribune@yahoogroupes.fr and
3 More...
Jul 25, 2006

Présidentielle 2006 : 13 candidats
virtuellement hors course

(Le Potentiel 25/07/2006)

L'heure de la vérité approche. Dans exactement quatre jours, les rideaux seront tirés pour mettre fin à la campagne électorale. On aura donc totalisé trente jours de campagne électorale, de séduction. Mais le cortège se scinde déjà en trois pelotons.

La campagne électorale tire vers sa fin. Jusque-là, elle n'a pas tenu toutes ses promesses pour des raisons que nous avons évoquées dans notre dernière livraison. Mais aujourd'hui, regards sur l'élection présidentielle où 33 candidats ont été alignés dès le coup d'envoi. Tous déterminés avant le début de la campagne électorale à séduire le peuple congolais pour accéder à la magistrature suprême.

6. <u>Le Bloc du Poète Robert Kabemba Mangidi</u>

Martin Fayulu, Prof. Kalele, Fabrice Puela….:
« C'est Kabila, le problème ».

Aujourd'hui 27 décembre, deux jours après Noël, et à la veille de la fin de l'année 2012, nous avons le devoir, au nom de tous les membres des Forces Acquises au Changement, de souhaiter à tout le peuple congolais un joyeux Noël et de présenter nos meilleurs vœux de bonheur, de paix et de prospérité pour l'année 2013. Nous avons une pensée particulière pour nos frères et sœurs à l'Est de la République dont le chemin de la croix se poursuit chaque jour dans l'endurance des affres de la guerre à cause de l'irresponsabilité et la félonie du pouvoir en place.

En effet, dans son discours du 15 décembre dernier devant le Parlement réuni en congrès, Monsieur Joseph Kabila s'était longuement attardé sur la situation sécuritaire à l'Est du pays et en appelait à une mobilisation générale de tous les congolais afin de contrer la menace de balkanisation qui guette le pays. A cette occasion, il affirmait que la cohésion nationale était plus que nécessaire et requérait que nous oublions nos divergences pour nous retrouver autour de ce qui nous est le plus cher : le Congo.

_. Au peuple congolais, je réitère mon serment de veiller à ce qu'aucun centimètre carré du territoire national n'échappe jamais à sa souveraineté ».

Question : Comment Monsieur Kabila entend-il faire de la défense de l'intégrité du territoire une priorité aujourd'hui lorsque l'on sait qu'il a été incapable de le faire en onze ans ?

Voilà pourquoi, les FAC n'ont jamais cessé de fustiger la gestion laxiste de la crise sécuritaire par Monsieur Kabila. Ainsi, nous l'avons traité de complice de ceux qui

Les FAC réclament, de toute urgence, la convocation d'un dialogue politique intercongolais, sous la facilitation d'un médiateur crédible, pour débattre entre autres des problématiques ci-après :

1.   La crise de légitimité ;
2.   La guerre à l'Est du pays ;
3.   La mise en place d'une armée républicaine et la réforme des services de sécurité ;
4.   Le respect des droits humains ;
5.   La correction et la poursuite du processus électoral ;
6.   La mauvaise gouvernance, la corruption et l'impunité;
7.   Le pillage des ressources naturelles du pays ;
8.   Les relations entre la RDC et ses voisins.

Enfin, point n'est besoin de rappeler que les négociations de Kampala entre les envoyés de Monsieur Kabila et ses amis du CNDP sont une chronique d'un échec annoncé, et nous ne pouvons rien en attendre.

Congolaises et congolais, tenons ferme. Craignons Dieu et personne d'autre. La victoire finale est de notre côté.

Vive la République Démocratique du Congo ;
Vive les Forces Acquises au Changement.

Fait à Kinshasa, le 27 décembre 2012.

Les FAC

7.   [congocitizen] :

Mr CHUMA, l'heure est grâve, "kabila" n'est pas digne d'être considere.

ONGENDA Willy Delors Chacun d'entre nous, sur cette terre, dispose du potentiel nécessaire pour s'affranchir des états mentaux qui entretiennent la jalousie, engendrent nos souffrances et celles des autres. Oui, dans les échanges, certains intervenants à l'instar de CHUMA
To
congo@yahoogroupes.frcongocitizen@yahoogrou
pes.frgtds_cd@yahoogroupes.fr and 1 More...
Dec 30, 2012

Chacun d'entre nous, sur cette terre, dispose du potentiel nécessaire pour s'affranchir des états mentaux qui entretiennent la jalousie, engendrent nos souffrances et celles des autres.
Oui, dans les échanges, certains intervenants à l'instar de CHUMA à qui, je souhaite tout ce qui a

de meilleurs, entretiennent amalgames et suent la haine à l'égard des autres.

Mon excellent frère Djamba Yohe **qui fait un travail intellectuel de qualité ne fait du mal à personne lorsqu'il exprime un éclairage qui apporte la connaissance historique aux nombreuses personnes au delà même des frontières de notre pays.**

L'heure est grâve, celui qui se fait appeler, "kabila" tente vainement de vendre notre pays à son Rwanda natal connu désormais comme étant un Etat voyou, une prison à Ciel ouvert.

Si nos échanges sont publics ici, on peut intervenir si on a un argument à contrario à opposer. Ce qui n'est pas le cas, visiblement pour **Monsieur CHUMA** *qui a tendance à s'égarer dans des invectives personnelles, des amalgames éhontés et de la haine injustiviée à l'égard de mon frère et compatriote* **Djamba Yohe.**

Au Mali, le pays est divisé en deux, les préparatifs d'une contre-offensive financée par une France qui ne peut pas tout faire se précise avec la nomination du Général LECOINTE chargé par la mission Européenne de former les unités combattantes Maliennes sous fond de décapitation, de la destruction des monuments historiques et du voile pour les femmes ainsi que de la charia pour tous au nord de ce pays à liberer.

En RCA où l'avion d'Air France a décidé de ne pas

Oui, jeune homme, l'Afrique demeure et restera le Berceau de l'humanité. Reste que les Africains se doivent de s'adapter aux normes réflexives exigibles au troisieme millénaire **et que** *les RDcongolais qui compensent toujours et depuis toujours leur faillite du patriotisme et leur immobilisme par des accusations farfelues contre l'Occident se libèrent dignement de l'esclavagisme auquel, ils sont soumis par celui qu'ils appellent, par peur si pas par complicité,*

"Tant que les lions n'auront pas leurs propres historiens, les histoires de chasse continueront de glorifier le chasseur"

8. [Congo] MESSAGE A LA NATION DE PRESIDENT ELU DE LA RD CONG Dr ETIENNE TSHISEKEDI

Augustin KABUYA Mesdames, Messieurs Le Dã©partement de Communication, Information et Mobilisation de lâUnion pour la Dã©mocratie et le ProgrÃ¨s Social UDPS en sigle, met a votre disposition lâintã©gralitã© de Discours du chef de lâEtat Congolais D
To 'marceline mundela'abasomboli@hotmail.fragasasalomon@yahoo.fr and 79 More...
Dec 31, 2012

Mesdames, Messieurs
Le Département de Communication, Information et Mobilisation de l'Union pour la Démocratie et le Progrès Social UDPS en sigle, met a votre disposition l'intégralité de Discours du chef de l'Etat Congolais Dr ETIENNE TSHISEKEDI WA MULUMBA à la nation. Veuillez trouver le document de ce discours en pièce jointe.

Augustin KABUYA
Secrétaire du Parti Adjoint au Département de Communication, Information et Mobilisation
00243 999981499
00243 815088028

9. congocitizen] A PROPOS DE NEGOCIATION DE BRAZZAVILLE AVEC LE M23

Robert Mbelo

To: Gilbert Mundela-Congo Congo Noël Mbala
and 90 More...
Dec 31, 2012

Chers compatriotes congolais,

Les hommes politiques congolais vont aller "négocier" avec le M23, tout en oubliant que eux-mêmes ont voté cette loi qui absout les criminels tueurs-tutsi-rwandais de tous les crimes commis a l'Est du Congo.

Le M23 n'est pas un mouvement de rébellion: parce que c'est une organisation criminelle étrangère et qui fait une "guerre" privée pour ses intérêts personnels. Etant des mercenaires, les membres du M23 ne peuvent en aucun cas bénéficier du statut de prisonnier de guerre tel que prévu par la Convention de Genève 1949 et par le Protocole I de 1977.
En effet, la définition du mercenaire a été fournie par le protocole I du 8 juin 1977 additionnel aux conventions de Genève du 12 août 1949 relatif à la protection des victimes des conflits armés internationaux. Et l'article 47 de ce protocole définit le mercenaire de la façon suivante :

« Un mercenaire n'a pas droit au statut de combattant ou de prisonnier de guerre. Le terme mercenaire s'entend de toute personne :
1. qui est spécialement recrutée pour se battre dans un conflit armé ;
2. qui prend part aux hostilités essentiellement en vue d'obtenir un avantage personnel et à laquelle est effectivement promise, par une partie au conflit ou en son nom, une rémunération matérielle nettement supérieure à celle promise ou payée à des combattants ayant un rang et une fonction analogues dans les forces armées de cette partie ;
3 qui n'est pas ressortissant d'une partie au conflit, ni résident d'un territoire contrôlé par une partie au conflit ;
4. qui n'est pas membre des forces armées d'une partie au conflit ;

5. et qui n'a pas été envoyée par un État autre qu'une partie au conflit en mission officielle en tant que membre des forces armées dudit État. »

Comme vous pouvez le constater à l'appui de cette définition, le M23 est une organisation criminelle de mercenaires financée par le Rwanda. NOUS DEVONS TOUS NOUS OPPOSERA CETTE RENCONTRE DE BRAZZAVILLE.

10. VOICI LE CONTENU SOMMAIRE DE LA LOI D'AMINISTIE ACCORDANT LE DROIT DE TUER AU M23.

Article 1er
Il est accordé à tous les Congolais résidant sur le territoire de la République Démocratique du Congo ou à l'étranger une amnistie pour faits de guerres et insurrectionnels commis dans les provinces du Nord-Kivu et du Sud-Kivu.
Article 2
Aux termes de la présente loi, on entend par:
• Faits de guerres, les actes inhérents aux opérations militaires autorisées par les lois et coutumes de guerres qui, à l'occasion de la guerre, ont causé un dommage à autrui;

• Faits insurrectionnels, les actes de violence collective de nature à mettre en péril les institutions de la République ou à porter atteinte à l'intégrité du territoire national.
Article 3
La présente loi d'amnistie ne concerne pas le crime de génocide, les crimes de guerre et les crimes contre l'humanité.
Article 4
La présente loi ne porte pas atteinte aux réparations civiles, aux restitutions des biens meubles et

immeubles ainsi qu'aux autres droits dus aux victimes des faits infractionnels amnistiés.

Article 5

Les faits amnistiés sont ceux commis pendant la période allant du mois de

Juin 2003 à la date de la promulgation de la présente loi.

Article 6

Le ministre de la justice est chargé de l'exécution de la présente loi qui

entre en vigueur à la date de sa promulgation.

Fait à Kinshasa le 7 mai 2009

Joseph KABILA KABANGE

A cause de cette loi inique et cynique, voici à quoi nous assistons :

Enfants violés, vieillards violés, femmes violées, enterrées vivantes, femmes mutilées, femmes meurtries, femmes sauvagement tuées et à qui ces criminels enfoncent des sticks de bois, des débris de verre et du sable dans leurs vagins… tout ceci se passe devant vous, hommes politiques congolais sans que vous puissiez réagir pour mettre fin à ces massacres et carnages et nous protéger, préférant sauvegarder vos intérêts personnels et vos privilèges.

11. Fwd: [congocitizen] 2013 : RAPPEL DU DANGER, VIEUX MAIS TOUJOURS PRÉSENT, QUI GUETTE NOTRE PAYS.

Toussaint Nguembe ---------- Message transféré ---------- De : Philippe < philippekabeya@yahoo.fr>

Date : 4 janvier 2013 19:30

Objet : [congocitizen] 2013 : RAPPEL DU DANGER, VIEUX MAIS TOUJOURS PRÉSENT, QUI GUETTE NOTRE PAYS, LA RDC. À : GTDS_cd < gtds_cd@yahoogrou To congocitizen@yahoogroups.ca
Jan 4

Message transféré

De : Philippe <philippekabeya@yahoo.fr>
Date : 4 janvier 2013 19:30
Objet : [congocitizen] 2013 : RAPPEL DU DANGER, VIEUX MAIS TOUJOURS PRÉSENT, QUI GUETTE NOTRE PAYS, LA RDC.
À : GTDS_cd <gtds_cd@yahoogroupes.fr>

2013 : RAPPEL DU DANGER, VIEUX MAIS TOUJOURS PRÉSENT, QUI GUETTE NOTRE PAYS, LA RDC.

Réflexions par Mulongeshi S. Kamatanda TSHIBWABWA

Le peuple congolais sait aujourd'hui qu'il a été et est trahi : trahi par ses élites politiques, trahi par les Tutsis ougandais que le Président Mobutu avait aidés dans la prise du pouvoir à Kampala, trahi par les Tutsis rwandais dont la majorité a bénéficié de son hospitalité légendaire, trahi par les multinationales qui, depuis la honteuse traite négrière et l'époque coloniale, ont bâti leurs grosses fortunes sur son sang et, enfin, trahi par le concert des nations réunies au sein de la non moins célèbre ONU dont pourtant son pays est membre à part entière. Aujourd'hui, nous pouvons donc affirmer, comme A. Kefler (Sept. 2012), sans crainte d'être contredit, que "le peuple congolais est un peuple sans alliés".
Partant de ce malheureux constat, les stratégies de 2012 doivent laisser la place aux nouvelles stratégies pour 2013.

QUELLES SONT LES CONSÉQUENCES DE LA GUERRE INJUSTE IMPOSÉES AU PEUPLE CONGOLAIS?

Les conséquences sont énormes :

a)- Sept millions de morts directs et indirects.

b)- C'est autant des déplacés, vivant dans des camps de fortune montés par les humanitaires sur la terre de leurs ancêtres;

d)- C'est autant d'enfants dont l'avenir est à jamais compromis;

e)- C'est autant des maisons, industries, biens de toutes sortes détruits ou volés par les occupants;

f)- C'est autant d'espèces animales et végétales uniques au monde tuées ou emportées pour la vente ou pour remplir les parcs des pays occupants;

g)- C'est l'écologie générale de la région qui a été transformée;

h)- C'est l'occupation des terres de nos ancêtres par les membres de l'ethnie Tutsi;

Ce site fonctionne mieux, pour l'audio, avec Internet Explorer

Attention: Ce site est concu et diffuse en pays anglophone. Les accents sont donc absents ou aleatoires

Attendez 20 a 45 secondes pour le démarrage de l'audio. Patience svp.

✉ **Envoyez cette page à des amis >>**

Kinshasa

L'UDPS DENONCE LES DERIVES D'UN FAUX DEBAT SUR LE PSEUDO TRAITE DE NICE.

Mr. Corneille Mulumba, secretaire National au Plan et proche de SEM Tshisekedi, President elu de la RDC, dement toute implication de l'UDPS dans des accords secrets conclus par un groupe de congolais en Europe. Les participants aux pourparlers de Nice y etaient a titre personnel et esperaient occuper des postes importants dans l'administration et gouvernement du nouveau president de la RD Congo. Les erreurs et reves de ce petit groupe ne peuvent engager le peuple congolais. Voici la declaration de l'UDPS.

J.K. Kanambe
imposteur en RDC

Ecoutez>>>

✉ **Envoyez cette page à des amis >>**

EXCLUSIVITE.

REVELATIONS: NBGANDA ET MOBUTU AVAIENT CEDE L'ILE D'IDJWI ET LE NORD-KIVU AUX TUTSIS

Ecoutez attentivement svp cette interview.
Honore Ngbanda **collabore avec les tutsis rwandais depuis 1980. Hypocrite, sournois et lache, Ngbanda aide actuellement J-Kabila dans sa quete de neutraliser Tshisekedi et nuire a sa credibilite.**
Ngbanda incite a la haine tribale entre les kasaiens et les ressortissants du Bas-Congo. Mr. Warry Matingu, ex-officier de renseignements au Zaire (RDC), depeint le complot ourdi par Ngbanda contre le Congo et les patriotes-combattants-resistants.
Ecoutez>>>

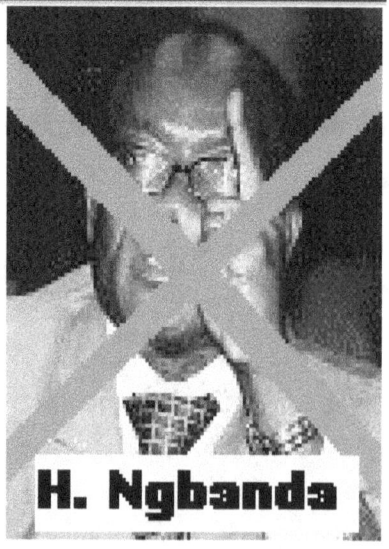

H. Ngbanda

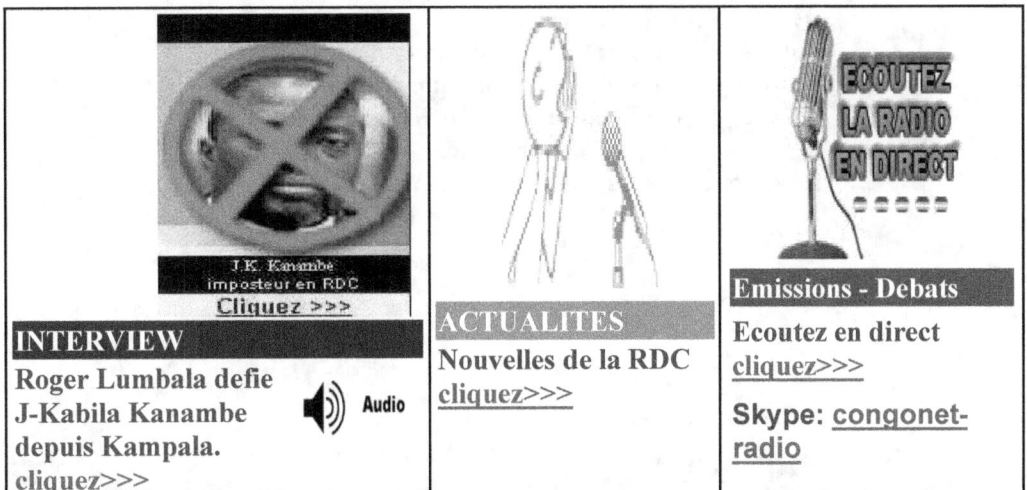

INTERVIEW

Roger Lumbala defie
J-Kabila Kanambe
depuis Kampala.
cliquez>>>

ACTUALITES

Nouvelles de la RDC
cliquez>>>

Emissions - Debats

Ecoutez en direct
cliquez>>>

Skype: congonet-
radio

APARECO: Ngbanda bientot radie de son mouvement ? En prison a Paris ?
EN DIRECT ! CA VA CHAUFFER LE 14 JANVIER A 11h00 HEURE DE KIN
Le pseudo <<Traite de Nice>> provoque des remous autour de Ngbanda.
Ce dernier a publiquement humilie le SG avec lequel il est a couteaux tires
depuis des mois. Exclusion precipitee et illegale de Faustin Shungu de
l'Apareco. L'affaire pourrait etre entendue par des juges francais car
l'Apareco est etablie en France et doit se conformer aux lois francaises. Les
statuts de l'Apareco, en violation de la legislation sur les associations, ne
sont pas visibles sur le site internet du mouvement et ne sont pas
disponibles pour le public.
Ngbanda accuse Faustin Shungu (SG de l'Apareco) d'etre devenu un traitre
a la patrie. Les amis de Faustin Shungu promettent un deballage complet
de Ngbanda. Ils entendent aussi exiger des elections au sein de l'Apareco
qui, en violation de ses propres statuts, n'a jamais tenu des elections
depuis sa fondation. L'Apareco est regie par la loi francaise. Il est question
de radier le <<fondateur>> Ngbanda. Certains cadres, actuels et anciens,
souhaitent traduire Ngbanda en justice a Paris. Apres le deballage du neo-
Kabiliste Pasteur Makolo (ex-agent communicateur de Ngbanda), l'affaire
Faustin Shungu pourrait mener Ngbanda en prison en France.
Officiellement creee a Bruxelles les 4-5 juin 2005, L'Apareco a ete en realite
prealablement et secretement fondee en France par Ngbanda en avril 2005.
La supercherie n'a ete decouverte que recement par les Bana Congo, co-
fondateurs de l'Apareco. Soyez branches sur Congonet Radio, le 14 /1/2013
cliquez>>>

Le Conseil Patriotique Congolais (CPC): organisme a vocation
internationale et legalement constitue au Canada. Ses projets politique au
Congo sont bases notamment sur l'article 64 de la Constitution de la RDC . cliquez
>>>

      i)- C'est l'exploitation, sans compensation
aucune, de nos richesses du sol et du sous-sol,
etc.

j)- Enfin, ce sont des centaines de milliards de dollars US privés à l'État congolais, volés à chaque invasion dans les banques, les sièges des compagnies, les commerces et ceux issus de la vente frauduleuse des minerais, du bois et des produits agricoles, etc.

12. congocitizen] Tr : [GTDS_cd] Y a-il eu un Traité de Nice impliquant ya Tshitshi pour l'île Mate

Philippe ----- Mail transfÃ©rÃ© ----- De : "GTDS_cd-owner@yahoogroupes.fr" <GTDS_cd-owner@yahoogroupes.fr> Ã : GTDS_cd@yahoogroupes.fr EnvoyÃ© le : Dimanche 13 janvier 2013 5h32 Objet : [GTDS_cd] Y a-il eu un TraitÃ© de Nice impliquant ya Tshitshi pour l
To BENA_KASAYI@groupesyahoo.ca
Jan 12

----- Mail transféré -----
De : "GTDS_cd-owner@yahoogroupes.fr" <GTDS_cd-owner@yahoogroupes.fr>
À : GTDS_cd@yahoogroupes.fr
Envoyé le : Dimanche 13 janvier 2013 5h32
Objet : [GTDS_cd] Y a-il eu un Traité de Nice impliquant ya Tshitshi pour l'île Mateba ?

Spam More Collapse All

Re: [Congo] Re: [GTDS_cd] "kabila" veut tuer tous les Baluba du Kasaî-Oriental?

Maya ANGALISHO Ongenda ongenda bayaya baleli bilili mpo esala ba ma plaisir! On ne change pas un systÃ¨me du jour au lendemain!

**Bilili kaka na esprit ya bien tomona yaya
mokomboso ya Kasai chez batetela De :
ONGENDA Willy Delors
<ongenda_wl@yahoo.fr> Ã : "GTDS_cd@ya
To
Congo@yahoogroupes.frGTDS_cd@yahoogroup
es.frcongocitizen@yahoogroupes.fr and 1 More...
Jan 25**

**Ongenda ongenda bayaya baleli bilili mpo esala
ba ma plaisir! On ne change pas un système du
jour au lendemain! Bilili kaka na esprit ya bien
tomona yaya mokomboso ya Kasai chez batetela**

**De : ONGENDA Willy Delors
<ongenda_wl@yahoo.fr>
À : "GTDS_cd@yahoogroupes.fr"
<GTDS_cd@yahoogroupes.fr>;
"congo@yahoogroupes.fr"
<congo@yahoogroupes.fr>;
"congocitizen@yahoogroupes.fr"
<congocitizen@yahoogroupes.fr>;
"congocitizen@yahoogroups.ca"
<congocitizen@yahoogroups.ca>;
"congo@yahoogroupes.fr"
<congo@yahoogroupes.fr>
Envoyé le : Vendredi 25 janvier 2013 19h46
Objet : [Congo] Re: [GTDS_cd] "kabila" veut
tuer tous les Baluba du Kasaî-Oriental?**

"Kabila" veut tuer tous nos compatriotes Baluba
du Kasaï-Oriental?
Il ne lui reste qu'à aller raser toute la province.
A la place de ses fans, ceux qui crient ici sur le net
et tant d'autres qui ne jurent que sur cette
PESTE, j'aurais honte face à tous les
compatriotes congolais.
Courage à nos frères et amis, membres de
l'UDPS.
Les signaux qu'envoit cet individu, "kabila" qui
est passé à la vitesse supérieur avec toutes ces
arrestations sans cause de nos compatriotes
Baluba de la Province du Kasa¨-oriental, ajouter

à tous ceux qu'il détient arbitrairement et qu'il a tué, annoncent l'agitation de fin du cycle.

Il oublie qu'il sera pourchassé partout, à travers le monde partout où il pourra s'exiler.

WL

"Tant que les lions n'auront pas leurs propres historiens, les histoires de chasse continueront de glorifier le chasseur"

Envoyé le : Vendredi 25 janvier 2013 18h58
Objet : COMMUNIQUE DE PRESSE DE L'UDPS DU 25 JANVIER 2013

Mesdames,Messieurs
l'UDPS porte à la connaissance de l'opinion tant nationale qu'internationale que ses membres ont été enlevés le 18 janvier 2013 vers quatre heures du matin respectivement au quartier MUSOSO dans la commune de Limete et dans la commune de Kimbanseke à Kinshasa ; tous seraient détenus à la direction générale de l'ANR et au GLM.

Il s'agit de madame KABUNGAMA Marie-Josée, son mari KATUMBA François, leur fils monsieur KATUMBA Stallone et madame NGALULA Henriette.

L'UDPS rappelle que beaucoup de ses membres enlevés dans les mêmes conditions croupissent en prison ou dans les cachots de l'ANR, DEMIAP et GLM depuis plusieurs mois.

Il s'agit de :
1) LUMBALA MUNYANGAYI Norbert
2) BANKENGESHE KAYUYA Angel
3) LUSAMBA KANKONDE Albertine
4) MBIYA KAZEMIRE Annie
5) MUTOMBO KAZADI Jean-Claude

L'UDPS déplore le meurtre de ses membres au Kasaï Oriental dans le territoire de Kabeya Kamwanga

Il s'agit de :
1)   ILUNGA KALONJI
2)   LUTUMBA SHAMBUYI
3)   Roger NTUMBA

Ces morts s'ajoutent à ceux qui ont abattus a bout portant, éventrés ou décapités avant, pendant et après les élections du 28 Novembre 2011

L'UDPS dénonce cette atteinte aux droits humains et exige la libération sans condition de ses membres ainsi que la fin de la traque de ses membres dont Mme Alpha DENISE LUPETU Présidente de ligue des femmes, Me Jean CLAUDE NDALA Directeur de Cabinet Adjoint du Président du Parti et Président Elu de la RD CONGO.

L'UDPS invite tous les gouvernements ainsi que toutes les organisations qui luttent pour la promotion de la Démocratie et respects des Droits humains d'exercer des pressions de tout genre sur Monsieur JOSEPH KABILA afin qu'il reconnaisse sa débâcle aux élections du 28 Novembre 2011et quitte le pouvoir.

Veuillez trouver le document en pièce jointe,nous vous en souhaitons une bonne reception.

Fait à Kinshasa, le 25 janvier 2013

Augustin KABUYA

Secrétaire du Parti Adjoint au Département de
Communication, Information et Mobilisation

13.[Congo] Mais qui a tué Katumba Mwanke ?

Mais qui a tué Katumba Mwanke ?

Katumba Mwanke a-t-il été assassiné
et placé ensuite dans son propre
avion pour
simuler l'accident dans lequel il
est « officiellement » mort ? Que
sont devenus les Congolais qui
étaient avec lui
dans l'avion lors de cet accident
truqué ? Leur élévation (et leur
train actuel de vie) doit-elle être
comprise comme
une récompense pour acheter leur
silence ? Que sont devenus les
pilotes ? Pourquoi n'a-t-on plus
parlé d'eux ? Où sont-
ils et que font-ils ?
D'où est venu l'enrichissement
rapide (et sans cause) de Katumba
Mwanke alors qu'il était sans
fonction officielle et ne possédait
pas d'entreprise connue ? Qui
profite aujourd'hui de l'argent
qu'il a volé à la
République ?
Pour quelle raison n'a-t-on plus
parlé de contrat chinois après son
accident tragique ?
Il est écrit dans
le livre « Le guide suprême », à la
page 58, ce qui suit : « on meurt
beaucoup en avion dans l'entourage
des
dictateurs ». Sous Mobutu, beaucoup
d'officiers militaires sont morts
dans des accidents d'avion montés
de toutes
pièces par le régime sanguinaire du
maréchal, entre autres le Général
Masiala (le cousin de l'autre).
Dans notre pays,
la liste des assassinats politiques
est très longue : Lumumba (et ses
compagnons d'infortune), Bamba,
Anani, Mahamba
(le pendus de la Pentecôte),
Mulele, Lubaya, Madrandele Tanzi,

Kisase, Masasu, Laurent-Désiré
Kabila, Chebeya, Bazani,
Tungulu, de nombreux journalistes,
etc. La liste est longue, très
longue. Curieusement,
jusqu'aujourd'hui, la
République n'a poursuivi aucun
coupable. Qui sont-ils ces
assassins, qui sont-ils les auteurs
de ces crimes ? Ouvrons
enfin la page de notre Histoire
récente afin de nous préparer un
meilleur avenir.

Fweley Diangitukwa
Politologue et
professeur
www.fweley.wordpress.com

14. congocitizen] L'Opposition en colère

Awazi Kasele Ils sont davantage unis, ils affichaient complet et manifestaient leur dÃ©termination Ã aller beaucoup plus loin. Ce sont les principaux groupes parlementaires de l'opposition notamment les FAC, MLC et alliÃ©s ainsi que UNC et alliÃ©s. Contre l'id
To Awazi Kaseleyahoogroupesyahoogroupes and 15 More...
Feb 7

«Mais avant tout, il faudra que le président Joseph Kabila prenne l'engagement de respecter la Constitution quant au terme de son mandat», insiste Kamerhe. A défaut, l'opposition envisage de l'y contraindre avec la mise en place d'une organisation dénommée CAREC–Coalition anti-révision de la Constitution pour le dialogue».

Mais c'était sans compter avec VK souverainiste, rattaché aux valeurs démocratiques. Mission accomplie, l'opposition partage ses vues, travaille à l'instant même à faire échec à la tentative de Joseph Kabila à se représenter.

"Vital Kamerhe fait le compte de la moisson récoltée à la fin de ses contacts avec les forces de l'opposition et la société civile. Il aura vu presque tout le monde, jusqu'au président de l'ECIDE, Martin Fayulu Madidi avec qui les relations n'étaient pas au beau fixe, il y a peu. Pour ceux qui connaissent les qualités de fédérateur de Kamerhe, cela n'a pas été une surprise. Le plus souvent, c'est le leader de l'UNC qui a fait le déplacement vers ses interlocuteurs."

N.B. citations en bleu : Paul Muland(reportage

15. [Congocitizen] Moïse Katumbi ou la tentation du pouvoir (La Libre Belgique)

Kadari Mwene-Kabyana Katumbi ou la tentation du pouvoir Karin Tshidimba La Libre Belgique, mis

en ligne le 23/01/2013 Thierry Michel filme lâhomme le plus populaire du Congo. Festival Ã Biarritz VoilÃ un film qui va faire parler de lui, de Kinshasa Ã Bruxelles. P

To hinterland1@yahoogroupes.frcongokin-tribune@yahoogroupes.fr

Feb 23

Katumbi ou la tentation du pouvoir
Karin Tshidimba

La Libre Belgique, mis en ligne le 23/01/2013

Thierry Michel filme l'homme le plus populaire du Congo.

Festival à Biarritz

Voilà un film qui va faire parler de lui, de Kinshasa à Bruxelles. Portrait contrasté du richissime homme d'affaires et gouverneur du Katanga, Moïse Katumbi, il fait l'objet de rumeurs persistantes et de coups de fil impétueux, avant même d'avoir été vu. Car c'est ce soir qu'il sera montré pour la première fois dans le cadre du Festival international des programmes audiovisuels (Fipa) de Biarritz.

Sachant que Thierry Michel a rencontré nombre de ses détracteurs (syndicalistes, journalistes et activistes des droits de l'homme) et opposants politiques, l'entourage de Moïse Katumbi s'était montré nerveux à l'annonce de la réalisation du projet.

Pourtant, au départ, tout se passait bien entre les deux hommes qui s'étaient rencontrés lors du tournage du précédent film de Thierry Michel : "Katanga Business" sorti en 2009. A l'époque, l'homme d'affaires et politicien débutant volait de succès en succès, semblant instaurer une nouvelle ère dans ce Katanga tant pillé. Il faut dire que la région (de la taille de la France) est la plus riche du pays, son sous-sol constituant l'essentiel du "coffre-fort" congolais.

Club de foot

Témoignant face caméra n'en ont que plus de mérite.

Enquête judiciaire

Avec l'épisode saisissant de l'annonce de son possible retrait de la politique, il apparaît en tout cas que Moïse Katumbi sait merveilleusement s'imposer aux foules Tandis que ses partisans pointent ses bienfaits et l'indéniable modernisation de la province (routes, électricité, hôpitaux, écoles, etc.), une enquête judiciaire est ouverte à son encontre pour fraude, corruption et trafic d'influence.

Katumbi :

retarder le découpage du Katanga
MFC

La libre Belgique, mis en ligne le 23/02/2013

La peur de celui-ci va entraîner des violences pour le pouvoir, juge-t-il. Congo-Kinshasa

Moïse Katumbi, le gouverneur du Katanga, était vendredi à Bruxelles. "La Libre Belgique" l'a interrogé sur l'impressionnant boom minier que connaît sa province (voir LLB du 19/2) et sur la terreur que font régner, en brousse, les bandes de Maï Maï (milices peu armées mais chanvrées) qui la ravagent (LLB du 21/2). Ceux-ci seraient, en effet, aux portes de Lubumbashi, sans que les autorités semblent réagir. *"C'est un grand problème"*, reconnaît le gouverneur.

Les gens résistent

"Des gens qui prennent un bébé à sa mère et le donnent à manger aux chiens, comme ils l'ont fait à Mukobe,

*vous croyez qu'ils sont populaires?",
jette-t-il, indigné. "Dans certains
villages, là où il y a des radios
communautaires, nous encourageons
la population à résister. A Pweto,
Lupembe, Kiluwa, les villageois ont
attrapé des Maï Maï - une trentaine
en tout."*

Le gouverneur admet le danger:

*"Cela créera la guerre. Mais ceux qui
poussent au découpage sont ceux qui
espèrent être gouverneurs des
futures provinces. Moi je dis: la
richesse du Sud (NdlR: dont il est
originaire) n'a pas été construite que
par les sudistes. Alors il faut reporter
le découpage jusqu'à ce que le Nord
soit riche. En attendant, il faut que le
gouverneur du Katanga vienne des
quatre régions à tour de rôle.
Jusqu'ici, le Nord a eu 7 gouverneurs;
pour le Sud, il y a eu moi et feu
Augustin Katumba. Le Lualaba (sud)
n'en a plus eu depuis Moïse Tshombé.
Moi, je ne m'accroche pas au poste
de gouverneur..."*

Le découpage pose problème au
Katanga

MFC

La Libre Belgique, mis en ligne le 01/02/2013

Toujours non appliquée, bien qu'inscrite dans la Constitution de 2006, la décentralisation refait parler d'elle.

" Si dans une province, on estime que le moment n'est pas encore venu de passer à la mise en œuvre des institutions issues du découpage, personne ne la contraindra [à] aller directement au découpage. Il ne faut donc pas effrayer les Katangais et donner l'impression qu'on veut les conduire vers des destinations qui seraient à l'encontre de leur volonté."

Vendredi dernier, le président de l'assemblée provinciale, Gabriel Kyungu, avait demandé à Kinshasa de donner les moyens à sa province avant de procéder au découpage constitutionnel.

" *En réalité* ", explique le Pr Jean Omasombo,

" le Nord-Katanga ne veut pas du découpage parce qu'il est la partie pauvre du Katanga actuel. Les Lubakats (NdlR : Lubas du Katanga, dont est M. Kyungu, surtout présents

dans le Nord) ne veulent pas se séparer du Sud sans argent. Le gouverneur Moïse Katumbi, originaire du Sud-Katanga, a surtout construit à Lubumbashi ; il est en train de le faire à Kolwezi et Likasi", au Sud. "Mais le Nord craint de ne rien avoir."

Selon le professeur, "cela nous ramène à la première décentralisation post-indépendance, en 1962, qui avait séparé *le 'Katanga inutile'***, comme disait le sénateur Lunda Bululu, le Nord agricole, du** *'Katanga utile',* **le Sud minier".** **Contrairement à cette époque , toutefois,** *"aujourd'hui, ce sont les gens du Nord-Katanga qui sont au pouvoir"* **à Kinshasa.**

Textes distribués par Mwalimu Kadari M. Mwene-Kabyana, Ph.D. Montréal (Québec) Canada

16. [congocitizen] Jeune Afrique : RDC : Étienne Tshisekedi

Bin Mudia RDC :

Étienne Tshisekedi, un roi sans royaume
19/03/2013 à 11h:22 Par Trésor Kibangula, envoyé

spécial Étienne Tshisekedi, après l'annonce de sa défaite à la présidentielle, novembre 2011. © AFP Entêté, isolé, mais encore populaire Étienne !

To congo-uni@yahoogroupes.frcongo@yahoogroupes.frcongocitizen@yahoogroupes.fr and 3 More...

RDC : Étienne Tshisekedi, un roi sans royaume

19/03/2013 à 11h:22 Par Trésor Kibangula, envoyé spécial

Étienne Tshisekedi, après l'annonce de sa défaite à la présidentielle, novembre 2011. © AFP

Entêté, isolé, mais encore populaire, Étienne Tshisekedi est à la tête d'un parti déchiré. Rencontre avec un homme qui, plus de un an après l'élection, se considère toujours comme le vrai président élu de la République démocratique du Congo.

Le Vieux n'a pas démissionné, contrairement à ce que les folles rumeurs kinoises ont fait croire au lendemain de l'annonce de la démission du pape Benoît XVI mi-février. « Malgré son âge [80 ans], Étienne Tshisekedi tient encore le cap, assurent ses proches. Il n'est pas prêt à abdiquer. » Plus d'une année a passé depuis l'élection présidentielle de novembre 2011 - un scrutin controversé, mais officiellement remporté par Joseph Kabila plutôt que par le leader de l'Union pour la démocratie et le progrès social (UDPS, principal parti d'opposition).
Étienne Tshisekedi, pourtant, y croit toujours. Il ne renoncera pas, « pas avant de nous amener vers la victoire », soutient un militant venu le saluer. Le 20 février, il s'est envolé pour l'Afrique du Sud, mais
Lire l'article sur Jeuneafrique.com : RDC : Étienne Tshisekedi, un roi sans royaume | Jeuneafrique.com - le premier site d'information et d'actualité sur l'Afrique

17.Re: [Congo] CORR: Compte-rendu de la réunion du Conseil des Gouveneurs à Kananga du 18-1

SKAM Jean-Luc I. Abordant le point relatif Ã lâexÃ©cution des recommandations de la deuxiÃ¨me session, une convergence des vues sâest dÃ©gagÃ©e entre le Gouvernement central et les Provinces, sur les points suivants : 1. La ConfÃ©rence a reconnu l
To Congo@yahoogroupes.frGTDS_cdCongo Virtuel and 8 More...
Mar 20

I.   Abordant le point relatif à l'exécution des recommandations de la deuxième session, une convergence des vues s'est dégagée entre le Gouvernement central et les Provinces, sur les points suivants :

1.   La Conférence a reconnu les efforts fournis par le Gouvernement central dans le paiement aux Provinces, des recettes rétrocédées, qui se fait dorénavant de manière régulière.

La Conférence a recommandé néanmoins au Gouvernement de fournir un effort supplémentaire en vue de corriger les distorsions constatées entre les budgets votés en provinces et les crédits effectivement alloués par la loi des finances portant le budget de l'Etat 2013 ;

La Conférence s'est félicitée de l'exécution annoncée, à partir du mois de mars courant, de ses précédentes recommandations tenant à l'augmentation de l'enveloppe de la rétrocession des ressources aux Provinces, tenant compte de la tendance à l'augmentation des recettes budgétaires propres.
Il a été néanmoins, recommandé aux provinces de faire le même effort dans la rétrocession des ressources dues aux Entités territoriales décentralisées.

2.   Dans le même ordre d'idées, la Conférence a salué la mise en œuvre de sa recommandation relative à la concertation régulière entre le Gouvernement central et les Provinces, notamment en matière d'affectation du budget d'investissement à réaliser en Provinces. Il a été récommandé que cette collaboration se poursuive dans d'autres secteurs.

II. En ce qui concerne la communication des membres du gouvernement , elle a permis aux participants à la Conférence d'apprécier les efforts fournis par le Gouvernement dans différents domaines et de dégager les perspectives , ainsi que les défis restant à relever .

III. Concernant les états des lieux des provinces, la conférence a suivi les communications des Gouverneurs de province à tour de rôle et a retenu que globalement :

1. La situation sécuritaire est stable, sauf dans les provinces du Nord-Kivu, Sud-Kivu et une partie de la province orientale et du Katanga, où des groupes armés se signalent par leur activisme.

Des cas de braconnage et de criminalité transfrontalière ont été également signalés dans les provinces de Bas-Congo et de Bandundu.

2. La situation du développement des provinces est en progression dans les provinces non affectées par la guerre, grâce d'une part, au programme de développement et de modernisation des infrastructures, initié par le Chef de l'Etat, et d'autre part, aux recettes rétrocédées aux Provinces ;

3. Au plan social, la situation demeure encore préoccupante, néanmoins, la population bénéficie progressivement des effets de la croissance annoncée par le Gouvernement.

IV. S'agissant des matières relevant de la politique gouvernementale,

1. la Conférence a félicité Son Excellence Monsieur le Président de la République pour ses efforts diplomatiques inlassables, visant à ramener la paix à l'Est de notre pays, dont les fruits sont à ce jour incontestablement appréciés de tous ;

La Conférence a assuré le Chef de l'Etat, de tout son soutien, à ce sujet.

2. Dans le même ordre d'idées, la Conférence a dit apprécier l'initiative du Chef de l'Etat au plan politique, relative à l'ouverture des concertations nationales en vue de conforter la cohésion nationale.

La Conférence a recommandé à cet effet :

L'inclusivité, dans la mesure du possible ;

Le format réduit ;

L'exclusion de toute tentative de modification de l'ordre institutionnel ou de partage du pouvoir ;

La recherche des voies et moyens de renforcer le système de défense et de sécurité de notre pays contre toute forme d'agression.

3. Dans le même esprit, s'agissant du processus de décentralisation en cours, la Conférence a recommandé l'intensification du rythme de sa mise en œuvre, en vue de faire échec aux plans séparatistes des forces du mal.

A cet effet, le Gouvernement a été appelé à prendre des mesures qui s'imposent afin de :
-   l'organisation des élections provinciales, urbaines et locales dans les meilleurs délais ;
-   l'amorce du processus de transfert des charges relevant des compétences des provinces à ces dernières, concomitamment au transfert des ressources ;
-   l'application de la législation en matière de recouvrement des recettes relevant de la compétence des provinces.

4. Enfin, la Conférence a recommandé aux Institutions concernées de prendre les dispositions en vue de rendre opérationnels, les Tribunaux de paix, dans la perspective de la prise en charge du contentieux électoral au niveau local.

5. Elle a, en outre, recommandé, la permutation des agents publics de l'Etat, cadres de commandement, au sein ou en dehors de leurs provinces d'origine, de manière à réduire le clientélisme qui affaiblit leur rendement.

6. Dans le secteur de l'Energie, la Conférence a salué la politique du Gouvernement tendant à la création des villages modernes à l'aide des microcentrales électriques, et ce, en exécution de la volonté exprimée par Son Excellence Monsieur le Président de la République, de faire de l'Energie, la priorité du programme de modernisation du pays.

V. Au titre des recommandations, plusieurs suggestions ont été faites à la conférence et sont consignées dans les Actes de la Conférence.

1.   S'agissant particulièrement de l'appui du Gouvernement aux efforts de développement économique et social déployés par les Provinces, la Conférence a recommandé au Gouvernement d'examiner les voies et moyens de poursuivre ses efforts de financement des campagnes agricoles en Provinces.

2.   La Conférence a aussi recommandé la finalisation du Projet de Loi sur la Caisse Nationale de Péréquation.

3.   Quant à la prochaine session de la Conférence des Gouverneurs, elle se tiendra à Mbandaka, au mois de septembre 2013.

Fait à KANANGA, le 19 Mars 2013

18. Re: [congocitizen] Résolution du Conseil de Sécurité: " mieux vaut tard que jamais",

Jeremie Kado Conseil de sÃ©curitÃ© â Est de la Rdc LE M-23 AUX ABOIS, IL VOIT SES JOURS COMPTES Makenga du M23 Conseil de sÃ©curitÃ© â Est de la Rdc LE M-23 AUX ABOIS, IL VOIT SES JOURS COMPTES La nouvelle du vote de la brigade dâintervention dan

To congocitizen@yahoogroups.ca

Apr 2

Conseil de sécurité – Est de la Rdc
LE M-23 AUX ABOIS, IL VOIT SES
JOURS COMPTES

Makenga du M23

Conseil de sécurité – Est de la Rdc

LE M-23 AUX ABOIS, IL VOIT SES JOURS COMPTES

La nouvelle du vote de la brigade d'intervention dans l'est de la République démocratique du Congo est tombée tel un coup de tonnerre. Kinshasa salue la décision, les rebelles du M-23 aux abois. En réalité, ils ont la peur dans le ventre et le froid dans le dos. Car cette brigade a pour mission première de mettre fin au règne des forces négatives dans la partie est de la Rdc. Et la première cible, la récente rébellion du M-23. Voilà qui justifie la tenue de cette conférence à Bunagana dimanche 31 mars par les ténors de la première des forces négatives en RDC.

Lire la suite : Conseil de sécurité
– Est de la Rdc LE M-23 AUX ABOIS,
IL VOIT SES JOURS COMPTES

Mandat offensif pour la brigade

d'intervention,L'ONU VEUT VENGER,
LE M23 TREMBLE
Conseil de sécurité

Mandat offensif pour la brigade d'intervention,

L'ONU VEUT VENGER, LE M23 TREMBLE

Une première pour l'humanité ! Dans l'histoire retiendra que, pour la première fois, l'Onu s'est voulue offensive dans l'Est de la Rdc. En effet, c'est le jeudi 28 mars que le conseil de sécurité de l'Onu a voté le renforcement du mandat de sa mission en Rdc. De la stabilisation et d'imposition de la paix, la mission onusienne en Rdc passe à l'attaque des forces négatives dans l'Est de la Rdc. Ce vote était donc la fin d'une longue attente d'autant plus qu'il a été annoncé il y a quelques mois. Par ce renforcement de mandat, l'effectif de la Monusco (17 mille hommes) se voit majorer par une brigade spéciale d'intervention de 2 mille à 3 mille casques bleus équipés d'un matériel militaire sophistiqué.

Lire la suite : Mandat offensif pour la brigade d'intervention, L'ONU VEUT VENGER, LE M23 TREMBLE

De : Charles Mampasu
<cmampasu@yahoo.fr>
À : kivu-avenir@yahoogroupes.fr;
congocitizen@yahoogroups.ca;
Congo@yahoogroupes.fr
Envoyé le : Mardi 2 avril 2013 9h15
Objet : [congocitizen] Résolution du Conseil de Sécurité: " mieux vaut tard que jamais", dit-on.

Nous l'avions déjà demandé un 27 Novembre 2008 devant la tribune des

Nations Unies, alors que C'est Alan Doss qui était le patron en RDC. Dans la salle nous avions noté l'absence des diplomates Congolais, pendant que leurs paires des pays voisins on fait preuve de leur présence. Le Conseil de sécurité avait trainé les pieds.

On s'en réjouit. Nous attendons que cette résolution aille au delà du fameux chapitre 7 qui a eu sa propre interprétation en RDC.

Voici quelques sources qui étayent ce que je viens de dire ci-haut.

PRESS CONFERENCE ON DEMOCRATIC REPUBLIC OF CONGO HUMANITARIAN SITUATION

http://www.un.org/News/briefings/docs//2008/081126_DRC.doc.htm

Humanitarian Situation Still Serious in the East - Genocide Watch

http://www.google.fr/search?q=Humanitarian+Situation+Still+Serious+in+the+East+-+Genocide+Watch&hl=fr&gbv=2&oq=Humanitarian+Situation+Still+Serious+in+the+East+-+Genocide+Watch&gs_l=heirloom-

serp.12...0.0.1.27725.0.0.0.0.0.0.0.0..0.0.. .0.0...1ac.4NH3QEfgs7Q

Amid Congolese Chaos, NGOs Are Split on Nkunda, FDLR and Camouflage for UN Mission

Byline: Matthew Russell Lee of Inner City Press at the UN: *News Analysis*

http://www.innercitypress.com/drc2ngos112708.html

Charles MAMPASU

19. Kamerhe propose le Régime 1+1+1

From: jzpalmares@gmail.com
Date: Tue, 2 Apr 2013 20:41:32 -0400
Subject: [kasaiwetu-list] ----Mémo de l'UNC à Zuma : Kamerhe propose le Régime 1+1+1--------
----
Le Phare de mercredi 3 avril 2013

Monsieur le rwandais Kamhere n'est qu'un opposant alimentaire a la recherche de positionnement. Il est pris dans son propre piege, voici. Il propose le Régime 1+1+1 à Zuma :

Le Phare, qui a pu se procurer une copie du mémorandum envoyé par Vital Kamerhe au président Sud-Africain Jacob Zuma, et comportant son plan de sortie de la crise congolaise, se trouve dans l'obligation, bien malgré lui, de revenir sur le sujet. C'est pour apaiser les esprits de tous ceux qui doutent de l'existence de ce document ou de son authenticité. Le mémo en question, daté du 12 février 2013 et rédigé en anglais, est intitulé « Aide-memoire on the crisis in easthern DRC ».

D'entrée de jeu, le président de l'UNC (Union pour la Nation Congolaise) dénonce le déficit de leadership en République Démocratique du Congo, ce qui se traduit par l'absence totale de vision dans tous les domaines. Par conséquent, le pays réunit tous les signes d'un Etat fragile : dysfonctionnement des institutions, instabilité politique, absence d'armée, système de défense défaillant, crise économique et sociale persistante, pauvreté galopante, etc.

Le Dialogue national inclusif ou rien

Vital Kamerhe fait savoir à Jacob Zuma que la survie du grand Congo passe par l'organisation d'un Dialogue national inclusif.

Appel à la sagesse de Zuma

L'ancien speaker de l'Assemblée Nationale rappelle à Zuma que son pays, l'Afrique du Sud, avait déjà joué un rôle clé dans l'organisation du Dialogue Intercongolais et la signature de l'Accord de Sun City armés, dans le cadre d'un dialogue réellement franc et inclusif.

Pour le Régime 1+1+1

Vital Kamerhe estime que les résolutions à sortir du futur Dialogue national inclusif devraient être comptabilisées comme des priorités du programme du futur gouvernement d'unité nationale.

L'Opposition devrait, quant à elle, rassurer Kabila de son maintien à son poste jusqu'à la fin de son mandat.

Tollé dans la MP… silence à l'UDPS

On sait que le mémo de Vital Kamerhe soulève la tempête au sein de la Majorité Présidentielle.

Dans le camp de l'UDPS, c'est le grand silence.

Kimp

20. RE: Tr. : [congocitizen]
Heure de vérité à l□'UDPS, ALBERT

Alex KUM Personne n'a le monopole de la direction des affaires en RDC, surtout quand on s'est toujours montrÃ© nul et incapable de relever un seul moindre dÃ©fi. KUM To: congocitizen@yahoogroups.ca From: jeremiekado@yahoo.fr Date: Fri, 26 Apr 2013 13:47:12 +010
To congocitizen@yahoogroups.ca
Apr 26

Personne n'a le monopole de la direction des affaires en RDC, surtout quand on s'est toujours montré nul et incapable de relever un seul moindre défi.

KUM

Subject: Re: Tr. : [congocitizen] Heure de vérité à l□'UDPS ALBERT MOLEKA BRIGUE LA PRIMATURE

ça ne fait que réconforter ce que j'ai toujours dit dans ces foras sur le parti de Limeté.

21. Congo] VOICI LE PROJET D'ACCORD MORT NÉ ENTRE KINSHASA ET LE M23

Odimba .Marcus Voici le projet dâaccord mortânÃ© entre Kinshasa et le M23 (http://Direct.cd 02/05/2013) LE GOUVERNEMENT DE LA RDC ET LE M23; - ConsidÃ©rant les dÃ©cisions et rÃ©solutions pertinentes de lâOrganisation des Nations Unies (ONU), de lâ
To CongoCongocitizen
May 2

Voici le projet d'accord mort–né entre Kinshasa et le M23
(Direct.cd 02/05/2013)

LE GOUVERNEMENT DE LA RDC ET LE M23;

- Considérant les décisions et résolutions pertinentes de l'Organisation des Nations Unies (ONU), de l'Union Africaine (UA), de la Conférence Internationale sur la Région des Grands Lacs (CIRGL) et

de la Communauté de Développement des Etats de l'Afrique Australe (SADC) relatives à la situation sécuritaire dans l'Est de la RDC et à la stabilisation du pays;

- Tenant compte des résultats de l'évaluation de l'accord du 23 Mars 2009 entre le Gouvernement de la RDC et le Congrès National pour la Défense du Peuple (CNDP) réalisée contradictoirement par le Gouvernement de la RDC et le M23;

- Considérant le Pacte sur la Sécurité, la Stabilité et le Développement dans la Région des Grands Lacs signé à Nairobi, le 15 Décembre 2006;

- Considérant l'Accord-cadre pour la paix, la sécurité et la Coopération en RDC et dans la Région des Grands Lacs, signé à Addis-Abeba le 24 Février 2013;
- Considérant le rapport spécial du Secrétaire Général de l'Organisation des Nations Unies sur la République Démocratique du Congo et la Région des Grands Lacs;

- Vu le communiqué final du sommet des Chefs d'Etats de la Région des Grands Lacs, tenu à OYO en République du Congo, le 24 Mars 2013 ;

- Vu le Règlement Intérieur et l'Ordre du Jour du Dialogue entre le Gouvernement de la RDC et le M23 sur la situation en RDC et spécialement dans la partie Est de la République ; – Vu la Constitution de la RDC;

- Désireux de contribuer à la

restauration d'une paix durable en RDC, spécialement dans sa partie Est;

- En conclusion du Dialogue qui les a réunis à Kampala du 09 décembre 2012 au .... 2013, sous la médiation de Son Excellence Monsieur YOWERI KAGUTA MUSEVENI, Président de la République de l'Ouganda, Président en exercice de la CIRGL et médiateur du Dialogue en présence de la facilitation assurée par le Dr C.W.C.B. KIYONGA, Ministre de la Défense de la République de l'Ouganda ;

CONVIENNENT DE CE QUI SUIT :

Article 1e : Les deux parties (Gouvernement – M23) s'engagent à réaliser et à parachever tous les points partiellement réalisés, mal réalisés et non réalisés, tels que ressortis de la Revue de l'Accord de paix du 23 mars 2009 entre le Gouvernement de la RDC et le CNDP.

Article 2 : Le Gouvernement de la RDC s'engage à créer une structure spéciale chargée de la réconciliation nationale. Cette dernière devra jouir d'une autonomie financière et administrative et placée sous l'autorité du Président de la République et l'accompagnement de l'Envoyée Spéciale du Secrétaire Général des Nations Unies pour la Région des Grands Lacs.

Article 3 : En vue d'effectuer de progrès en ce qui concerne la décentralisation; dès la signature du présent Accord, le Gouvernement de la RDC s'engage à :

- Appliquer les dispositions de l'article 175 de la Constitution relatif à la retenue à la source de 40% des recettes du trésor public et de promulguer endéans 45 jours une loi fixant ta nomenclature des recettes fiscales et les modalités de leur répartition.

- Appliquer les dispositions des articles 2 et 3 de la Constitution portant création de 25 provinces plus la ville de Kinshasa. Endéans 45 jours, le Gouvernement de la RDC devra promulguer une loi organique portant sur la composition, l'organisation et le fonctionnement des entités territoriales décentralisées ainsi que leurs rapports avec l'Etat et les Provinces.

- A dater de la signature du présent Accord, organiser, sans délai, les élections provinciales, urbaines, municipales et locales sur toute l'étendue de la République, conformément aux prescrits de l'article 1er de la loi N° 06/006 du 09 Mars 2006 portant organisation des élections en RDC.

Article 4 : Le Gouvernement de la RDC s'engage à faire ratifier par le Parlement, les Accords et cadres de références ci- après :

- Le Pacte sur la Sécurité, la Stabilité et Le Développement dans la Région des Grands Lacs signé à Nairobi le 15 Décembre 2006.

- L'Accord-cadre pour la Paix, la Sécurité et la Coopération pour la RDC et la Région des Grands Lacs signé à Addis-Abeba le 24 Février

2013.

- Renforcer la coopération régionale et l'intégration économique à travers l'adhésion du pays à la Communauté des pays d'Afrique de l'Est (East African Community). Il doit revitaliser la Communauté Economique des Pays des Grands Lacs (CEPGL) en soutenant la mise en oeuvre de son objectif de développement économique et de d'intégration sous régionale.

Article 5 : Du fait des guerres récurrentes ayant entraîné la destruction des infrastructures, du tissu socio-économique, la fracture de la cohésion sociale et l'absence de toute perspective de développement suite au déficit d'une paix durable et de la sécurité durant les dernières décennies dans l'Est de la République, le Gouvernement s'engage à décréter la partie Est de la RDC (Nord-Kivu, Sud-Kivu, Ituri, Haut-uele, Maniema et Tanganyika) comme étant une « Zone Sinistrée ». A ce titre, la zone déclarée sinistrée devra jouir de :

1. Un statut administratif particulier;
2. D'un plan de développement spécial ;
3. D'une large autonomie fiscale et financière ;
4. D'un concept opérationnel particulier pour sa sécurisation ;
5. D'un programme spécifique de sécurisation pour la concrétisation des différents Accords régionaux, notamment :

- Le Pacte sur la Sécurité, la Stabilité et le Développement dans la Région

des Grands Lacs signé à Nairobi, le 15 Décembre 2006;
- L'Accord-cadre pour la Paix, la Sécurité et la Coopération pour la République Démocratique du Congo et la Région, signé à Addis-Abeba le 24 Février 2013.

Article 6 : Les parties conviennent que la réalisation des points d'accords relatifs à la réconciliation, à la cohabitation pacifique, au retour des réfugiés et des déplacés internes dans la « Zone sinistrée » se fera conjointement et selon un calendrier établi par les parties signataires du présent Accord.

Article 7 : Afin de faciliter l'intégration des cadres politiques du M23 et ceux considérés comme tels, le Gouvernement de la RDC s'engage à les faire participer à la gestion des institutions nationales par le biais de :

- Gouvernement central;
- Diplomatie – Chancelleries;
- Entreprises publiques;
-. Gouvernements provinciaux;
- Etat-Major Général;
-Etc.

Article 8 : Le Gouvernement s'engage à remettre le statut de député (provincial et national) à tout élu du peuple invalidé pour ses opinions ou ses prises de positions politiques en RDC.

Article 9: En vue de faciliter la réconciliation nationale, le Gouvernement de la RDC s'engage à promulguer une loi d'amnistie pour faits de guerre et faits insurrectionnels couvrant la période allant du 07 Mai 2009 jusqu'à la fin de la mise en oeuvre de l'Accord et ce, conformément au Droit International.

Article 10 : Le Gouvernement de la RDC s'engage à libérer tous les prisonniers soupçonnés de collaborer de près ou de loin avec le M23 et à les ramener dans leurs lieux de résidence. Leur élargissement se fera sur la base d'une liste présentée par le M23 et constaté par les deux parties.

Article 11 : En vue de renforcer le débat démocratique et de participer à la vie politique nationale, le M23 s'engage à se transformer en parti politique. Toutefois, il se réserve le droit de changer de dénomination.

Article 12 : Conformément à l'esprit de l'Accord-cadre d'Addis-Abeba, le M23 s'engage à mener des opérations conjointes avec le Gouvernement de la RDC, afin de participer aux opérations de pacification et de stabilisation de la partie Est. Pour pacifier durablement la partie Est de la République et participer efficacement à la stabilisation de la Région des Grands Lacs, ces opérations devraient se dérouler sur une durée de cinq ans renouvelables et auront pour objectifs ;

- L'éradication définitive de toutes les forces négatives étrangères opérant à partir du territoire congolais (LRA, ADF-NALU, FNL, FDLR ...).
- Le rapatriement dans leurs pays

d'origine de tous les prisonniers capturés au cours des dites opérations.

- De ce fait, il y aura la composition et l'articulation des forces conjointes (FARDC-ARC) pour mener à bien lesdites opérations et parvenir, dans un délai raisonnable aux résultats attendus.

Article 13 : Le Gouvernement de la RDC s'engage à reconnaître formellement les grades des militaires et policiers du M23 sur base d'un OB (Ordre de Bataille) présenté par le M23.

Article 14 : Pour mettre fin à l'impunité au sein de l'armée nationale et ce, conformément à l'article 12 du Rapport spécial, du 27 Février 2013, du Secrétaire Général des Nations Unies sur la République démocratique du Congo et la Région des Grands Lacs, le Gouvernement de la RDC s'engage à mettre en place une commission d'enquête mixte et indépendante, pour faire la lumière sur des assassinats sélectifs au sein de l'armée nationale, des militaires à Kamina, à Dungu, à Rutshuru, à Shabunda au Sud-Kivu et ailleurs, afin que les commanditaires de ces actes soient traduits devant des juridictions compétentes.

Article 15 : Afin de participer au développement des populations riveraines des parcs nationaux et eu égard au fait qu'elles ont toutes souffert de conséquences des guerres répétées, les deux parties s'engagent à promouvoir l'industrie du tourisme et à confier 100% des recettes touristiques au développement des dites populations. Ce fond devra être conjointement géré par les comités locaux permanents de conciliation et de développement et une structure à convenir par les deux parties.

Article 16 : Eu égard au principe de la continuité de l'Etat, le Gouvernement de la RDC s'engage à reconnaître tous les actes politiques et administratifs posés dans les entités sous administration du M23.

Article 17 : Afin de faciliter l'accès à l'éducation pour tous, le Gouvernement de la RDC s'engage à concrétiser les prescrits de l'article 43 de la Constitution en son alinéa 4, relatif au caractère obligatoire et à la gratuité de l'enseignement primaire et ce, conformément aux Objectifs du Millénaires pour le Développement prônés par les Nations-Unies.

Article 18 : En vue de renforcer le système judiciaire congolais et de garantir l'indépendance de la magistrature; conformément aux articles 149 et 223 de la Constitution ; le Gouvernement de la RDC s'engage à éclater l'actuelle Cour Suprême de Justice en trois ordres juridictionnels que sont : la Cour Constitutionnelle, la Cour de Cassation et le Conseil d'Etat.

Article 19 : En vue de renforcer et de sécuriser les organisations de défense des droits humains et ce, conformément aux accords internationaux, le Gouvernement de la RDC s'engage endéans quinze jours, à promulguer la loi votée à l'Assemblée Nationale portant création d'une Commission Nationale des Droits de l'Homme en vue de la promotion des droits et libertés fondamentaux, tels que garantis par l'article 12 de la Constitution.

Article 20 : En vue de garantir la liberté d'information et d'émission par la radio et la télévision, telle que garanties par l'article 24 de la Constitution de la République, le Gouvernement de la RDC s'engage à mettre en place une commission d'enquête autonome et indépendante, afin de faire la lumière sur les destructions méchantes de différents organes de presse indépendants (RLTV, Canal futur, Channel TV...). Ladite commission devra statuer sur l'identité des commanditaires, la réparation des dommages, l'indemnisation des agents de ces médias et leur réinsertion sociale.

Article 21 : Suivant l'esprit de l'article 51 de la Constitution, le Gouvernement de la RDC s'engage, dans un délai ne dépassant pas trois mois, à mettre en place une police de proximité constituée de personnes recrutées localement. Le Gouvernement s'engage également à pénaliser les actes, les paroles, les attitudes, les expressions quelle qu'en soit la forme, qui véhiculent des pensées xénophobes, racistes, tribalistes et discriminatoires.

Article 22 : En vue de concrétiser la paix durable et limiter toute forme de rancoeur, le Gouvernement de la RDC s'engage à mettre en place une structure mixte (Gouvernement-M23) spécialisée pour la prise en charge des blessés de guerre, des veuves et des orphelins, les victimes des violences sexuelles et celles de différents conflits armés qu'a connu l'Est de la RDC.

Article 23 : Dès lors que la partie Est de la RDC sera sécurisée, débarrassée de toutes les forces négatives étrangères et de tous les groupes armés nationaux et que, les déplacés internes et les réfugiés seront retournés, réinstallés et réinsérés dans leurs lieux d'origine, le M23 s'engage à :

- Déposer définitivement les armes;
- Démobiliser les membres de l'ARC qui ne souhaiteront pas intégrer les FARDC;
- Ne jamais recourir aux armes pour faire entendre les revendications de la population congolaise.

Article 24 : Pour une application effective des prescrits de l'Accord de Kampala, les deux parties conviennent de la mise en place d'un Comité National Mixte (Gouvernement – M23) et d'un Comité International d'Accompagnement et de Suivi.

Article 25 : Le présent Accord entre en vigueur à la date de sa signature.

Fait à Kampala, le .... Avril 2013
© Copyright Direct.cd
 Odimba Marcus

Malheur à toi qui ravages Et qui n'as pas été ravagé!
Qui trahis et qu'on n'a pas encore trahi!
Quand tu auras fini de ravager, tu seras ravagé:
Quand tu auras achevé de trahir, on te trahira.Esaie33:1

22. congocitizen] RÉVISION DE L'ARTICLE 220 : BOB KABAMBA FIXE L'OPINION (If faut s'occuper plus.)

G. Lutonadio RÉVISION DE L'ARTICLE 220 : BOB KABAMBA FIXE L'OPINION CATEGORY: A LA UNEPublished on Saturday, 06 July 2013 09:50Written by F.K.Hits: 443 Débat scientifique sur la Constitution Politologue, ens

RÉVISION DE L'ARTICLE 220 : BOB KABAMBA FIXE L'OPINION

- 🖶
- ✉

CATEGORY: A LA UNE

Published on Saturday, 06 July 2013 09:50

Written by F.K.

Hits: 443

Débat scientifique sur la Constitution

j'ose croire qu'il y aurait quand même au niveau de la population des manifestions pour s'opposer à ce projet de révision de l'article 220.

Les politiques pensent que ce débat n'est encore que scientifique. Peut-être

G.Lutonadio

Melville

USA

Dr. Henry Kissinger a écrit : "La dépopulation devrait être la plus haute priorité de la politique américaine envers le tiers-monde."

" Dans les temps de tromperie universelle, dire la vérité devient un acte révolutionnaire."

"We will remember not the words of our enemies, but the silence of our friends."
"Nous ne nous souviendrons pas des paroles de nos enemis mais plutot du silence de nos amis"

"Tout militaire sans formation ideologique, c'est un criminel en puissance et malheur a ceux qui baillonnent leur peuple: Thomas Sankara"

"Je me demande pourquoi vous soutenez ces navires de la course au pouvoir appelés partis politiques mis en place pour que nous ne réalisions jamais ce qu'est reellement la politique et la démocratie et de toujours nous faire accepterer le mensonge sur la vérité. Vous ne pouvez jamais gagner un match en utilisant les règles du jeu qui peuvent etre changer par ses inventeurs en un clein d'oeil afin d'y sortir tourjours gagnant."

Open your eyes and your mind
with www.infowars.com

23.[Congocitizen] Kengo convoite le fauteuil présidentiel au point de ne pas mourir l'âme en paix.

Toussaint Nguembe :

Le roi des Belges, roi souverain du Congo? Par AnicetMobet (Express Yourself), publié le 05/08/2013 à 12:37 Le Congo a connu des relations tumultueuses avec la Belgique. Le chercheur Anicet Mobe ret

To congocitizen@yahoogroups.ca

Aug 8

Le roi des Belges, roi souverain du Congo?

Par AnicetMobet (Express Yourself), publié le 05/08/2013 à 12:37

Le Congo a connu des relations tumultueuses avec la Belgique. Le chercheur Anicet Mobe retrace l'histoire coloniale du Congo et invite Congolais et Belges, à abandonner les mythes pour s'approprier cette histoire commune. **50 24 0 144**

Le roi Philippe, nouveau roi des Belges. Mais est-il aussi roi des Congolais?

Voir tous les articles de AnicetMobet

DECLARATION POLITIQUE DE L'UNC FACE AUX PREPARATIFS DE LA TENUE DU DIALOGUE NATIONAL EN REPUBLIQUE DEMOCRATIQUE DU CONGO

La Direction Politique Nationale de l'Union pour la Nation Congolaise, UNC en sigle, s'est réunie à son siège, ce mercredi 7 août 2013, pour examiner la situation politique de l'heure en rapport avec les préparatifs de la tenue du Dialogue National en RDC et la récente déclaration du Président du Sénat dont le parti est signataire de la déclaration du 1er juillet au CEPAS et du rapport final du Conclave de l'opposition politique.

POUR LA DIRECTION POLITIQUE NATIONALE DE L'UNC

Hon. Alain MBAYA KAKASU   Hon. Jean-Betrand EWANGA

Président du Conseil National
Secrétaire Général

--

--

24. Le MLC et l'UNC s'opposent aux concertations nationales « unilatérales »

Dernière mise à jour le 8 août, 2013 à 8:32 | sous Dialogue Entre Congolais. Mots clés: concertations nationales, MLC, MLC et UNC, RDC

Le MLC a dénoncé mercredi 07 août 2013 à Kinshasa la volonté manifeste du pouvoir de persévérer dans la logique des concertations telles

que convoquées par l'ordonnance présidentielle. Ce parti réagissait ainsi à l'annonce par le président du Sénat, Leon Kengo wa Dondo, de la nomination d'un secrétariat technique et l'adoption d'un budget de ces concertations.
Jeudi, 08 Août 2013 13:14

Forum des As

A en juger par l'activisme débordant du tandem Kengo-Minaku, les Concertations nationales sont imminentes. Une épine tout de même dans les pieds de deux officiants de la

SELON LES INDISCRÉTIONS DU PALAIS DU PEUPLE - Concertations nationales : Étienne Tshisekedi annoncé ce vendredi chez Sassou Nguesso
Jeudi, 08 Août 2013 13:14

Forum des As

Entretemps, Kengo et Minaku seront reçus ce matin par le président du Congo-Brazzaville.
   Dorian KISIMBA

Urbanisme et habitat, Kimbuta fixé
Jeudi, 08 Août 2013 13:30

La guerre entre le ministère de l'urbanisme-habitat et l'hôtel de ville de Kinshasa autour de la perception de la taxe sur l'autorisation de bâtir n'a plus sa raison d'être. Le gouvernement central vient de trancher sur base de l'arrêté ministériel portant réglementation de l'octroi du permis de construire en rd-Congo, daté du 23 Juin 2013 et portant la signature de Fridolin Kasueshi, ministre ayant l'urbanisme et l'habitat dans ses attributions. BM

Kengo convoite le fauteuil présidentiel au point de ne pas mourir l'âme en paix
Jeudi, 08 Août 2013 13:46

Petit récit anecdotique sur la convoitise quasi maladive de Léon Kengo wa dondo de s'installer un jour au trône présidentiel avant sa mort. Rançon: un million USD

Au sommet du Parquet, Kengo avait fait subir des pires cauchemars à ses adversaires politiques. Beaucoup avaient fini à la Prison centrale de Makala comme Symphorien Mutombo Bakafwa Nsenda, ancien ministre de la Justice sous le 1+4

25. Réunion du bureau politique du FPR, Paul Kagame s'en prend aux occidentaux.

8 août 2013

Lors d'une réunion du bureau politique du FPR tenue le 07 .08.2013, au petit stade Amahoro, le Président Paul Kagame a fustigé l' incohérence et l'hypocrisie des donateurs occidentaux dans le soutien aux projets de développement de son pays.

Pendant ce temps, en préparation pour la prochaine élection fixée au 16 Septembre, la réunion a approuvé la liste des 72 membres qui représenteront le FPR. Dès jeudi matin, la présidence n'avait pas encore publié la liste des élus. Les huit sièges restants sur les billets du FPR sont réservés aux quatre partis qui sont en coalition avec le FPR.

La réunion a également approuvé une constitution amendée pour le FPR, établi une nouvelle autonomie pour les départements des jeunes et des femmes et a approuvé le manifeste pour l'année 2013-2017. .

La rédaction

Ikazeiwacu.unblog.fr

Source: Chimpreports, igihe.com

26. Mary Robinson: «Je n'ai aucun autre agenda personnel que celui d'aider la RDC à retrouver la paix»

publié il y a 4 heures, 59 minutes, | Denière mise à jour le 8 août, 2013 à 6:18 | sous Actualité, La Une,

National, Politique, Régions, Sécurité. Mots clés:
Goma, M23, Mary Robinson, Nord Kivu, RDC,
Rebellion

Mary Robinson, l'envoyée spéciale de l'Onu pour la
région des Grands Lacs le 28/04/2013 à Kinshasa,
lors d'une émission au studio de Radio Okapi.

 Une certaine opinion congolaise a jugé les
positions de la diplomate onusienne d'ambigües
concernant la résolution de la crise dans l'Est de la
République démocratique du Congo (RDC).

*« Il me parait important de lever toute équivoque
en ce qui concerne ma position. En tant
qu'envoyée spéciale du secrétaire général, je n'ai
aucun autre agenda personnel que celui d'aider ce
pays de la région à retrouver la paix pour que les
populations et le pays puissent aller de l'avant »*, a
affirmé Mary Robinson dans une interview
exclusive accordée à Radio Okapi.

La résolution 2098 a été votée au mois de mars
dernier, créant la brigade d'intervention de la
Monusco. Dotée d'un mandat offensif, cette force
a pour mission de neutraliser les groupes armés
dont les rebelles du M23 qui créent l'insécurité
dans cette parti du pays.

26. L'équipe de choc Museveni/Kagame – Le chantage du génocide rwandais refait surface

© FLICKR

L'Ougandais Yoweri Kaguta Museveni a décidé de voler au secours du Rwandais Paul Kagame en agitant à nouveau le spectre d'un génocide des Rwandais.

27. Concertations nationales

Secrétariat Technique : la liste complète est là !
Kinshasa, le 09/08/2013

*Le Présidium des concertations nationales a finalement tenu parole. Promise par Léon Kengo pour jeudi 8 août 2013 et ce, après plusieurs sursis, la liste de membres qui composent le Secrétariat technique desdites concertations a été remise à la presse hier, à 15 heures, heure de Kinshasa. Aucun commentaire n'a été fait autour de cette liste. Surtout qu'au moment où les professionnels des médias se ruaient sur les copies de cette liste, primeur de l'information oblige, les deux têtes d'affiche du Présidium se trouvaient déjà de

l'autre côté de la rive du majestueux Fleuve Congo, parce qu'ayant quitté Kinshasa dans la matinée pour Brazzaville où ils devaient s'entretenir avec M. Denis Sassou Nguesso, Président de la République du Congo. Ce Secrétariat Technique est composé, au total, de 18 membres dont un Coordonateur, un Coordonateur Adjoint, 14 Conseillers thématiques ainsi que deux Conseillers financiers. Selon cette décision, la première du genre, le Coordonnateur Adjoint, les Conseillers thématiques et les Conseillers Financiers ont respectivement rang de Directeur de Cabinet, Directeur de Cabinet Adjoint et Conseillers du Président de l'Assemblée Nationale ou du Président du Sénat.

Ci-après, la Décision conjointe n°001/CAB/PDT/AN/SENAT/2013 du 08 août 2013 portant nomination des membres du Secrétariat Technique près le Présidium des concertations nationales.

République démocratique du Congo

Les concertations nationales

Le Présidium

DECISION CONJOINTE N°001/CAB/PDT/AN/SENAT/2013 DU 08 AOUT 2013 PORTANT NOMINATION DES MEMBRES DU SECRETARIAT TECHNIQUE PRES LE PRESIDIUM DES CONCERTATIONS NATIONALES

LES PRESIDENTS DE L'ASSEMBLEE NATIONALE ET DU SENAT ;

Vu la Constitution telle que modifiée à ce jour, spécialement ses articles 100 et 111 ;

Vu le Règlement intérieur de l'Assemblée Nationale, spécialement ses articles 27 et 29 ;

Vu le Règlement intérieur du Sénat, spécialement ses articles 19, 24 et 27 ;

Vu l'ordonnance n°013/78 du 27 juin 2013 portant création, organisation et fonctionnement des Concertations nationales, spécialement ses articles

4 et 7 ;

Vu le Règlement intérieur des Concertations nationales, spécialement ses articles 7, 9 et 10 ;

Vu l'urgence et la nécessité ;

DECIDENT :

Article 1er : Est nommé Coordonnateur du Secrétariat Technique près le Présidium des Concertations nationales Monsieur Bernard MENA MBOYO

Article 2 : Est nommé Coordonnateur Adjoint du Secrétariat Technique près le Présidium des Concertations nationales Monsieur Paul-Gaspard NGONDANKOY NKOY-ea-LOONGYA

Article 3 : Sont nommés Conseillers thématiques les personnes dont les noms suivent :

1. Mr. Philippe BIYOYA MATUKU
2. Mr. Martin BITIJULA MAYIMBA
3. Mr. Gaston MUTAMBA LUKUSA
4. Mr. Eugène BANYAKU LUAPE
5. Mr. Baudouin ELIA ONA MOPONDA
6. Mr. Crispin MUTUMBE MBUYA
7. Mr .Bosco ABULU PALUNU
8. Mr. Esdras KAMBALE BAHEKWA
9. Mr. Emmanuel KETO DIAKANDA
10. Mr. Jean-Marie LABILA ETONG
11. Mme Mélanie MWIMBA RISASI
12. Mme Marie NYANGE NDAMBO
13. Mr. Franck Mwe-di MALILA APENELA
14. Mr. Clément KWETE NYIMI

Article 4 : Sont nommés Conseillers financiers :

1. Mr. Philippe MBWALA MBOYI
2. Mr. Freddy MILAMBO MBOMBO

Article 5 : Le Coordonnateur, le Coordonnateur Adjoint, les Conseillers thématiques et les Conseillers Financiers ont respectivement rang de Directeur de Cabinet, Directeur de Cabinet Adjoint et Conseillers du Président de l'Assemblée Nationale ou du Président du sénat.

Article 6 : La présente Décision entre en vigueur à

la date de sa signature.
Fait à Kinshasa, le 08 août 2013

Léon Kengo wa Dondo
Président du Sénat
Aubin Minaku
Président de l'Assemblée nationale

28. VOC- LAMBERT MENDE AFINGI BA DIASPORA DES IMBECILES

http://www.youtube.com/watch?v=tQ4TG8bgHeA

29. Exclu: MLC en ébullition: Jean Lucien BUSA déballe Jean Pierre BEMBA.

https://www.youtube.com/watch?feature=player_embedded&v=0Irmeae3WYA

http://www.youtube.com/watch?v=eCKOOC5hJBg

Cimetière de KINTAMBO : Quartier résidentiel ou lieu de repos pour nos morts?

http://www.youtube.com/watch?v=67P5Oem2B4g

30. Déclarations politiques : Udps & Alliés, Mlc, Unc et Un disent non à Kengo et Kabila !

http://www.youtube.com/watch?v=krnaJp6J52A#at=131

31. Congo] Fwd: FLASH/ RDC: «KABILA» a encore floué toute la classe politique congolaise à Kampala !

INFO APARECO www.info-apareco.com «KABILA» a encore floué toute la classe politique congolaise à Kampala ! En signant la reprise des pourparlers avec le M23, «Joseph Kabila» a définitivement vidé les «con

To
congo@yahoogroupes.frcongocitizen@yahoogroups.caCongoResistance@yahoogroupes.fr and 8 More...

Sep 6

www.info-apareco.com

«KABILA» a encore floué toute

la classe politique congolaise à Kampala !

En signant la reprise des pourparlers avec le M23, «Joseph Kabila» a définitivement

Dès le premier jour d'ouverture du sommet des Chefs d'Etat de la CIRGL à Kampala, les masques sont tombés. Ce que redoutait le peuple congolais du Kivu et de Goma en particulier est arrivé. Le piège qu'a révélé Monsieur Honoré Ngbanda autour de la mise en scène des «concertations nationales» maintes fois reportées vient de se refermer sur la naïve classe politique congolaise qui attend bêtement à Kinshasa le retour du «raïs» de Kampala pour démarrer les travaux et surtout, toucher les per diem!

Primo: l'amnistie de tous les responsables politiques et militaires du M23 ;

Secundo: l'intégration des responsables politiques et militaires rwandais du M23 au sein de l'armée, de l'administration et des institutions politiques de la RDC

Tertio: la cessation des activités militaires par le M23 (déjà gratifié de toutes ses revendications)! Le reste, c'est de la poudre aux yeux des congolais pour les endormir et les embrouiller. Comment peut-on à la fois prétendre « transférer les 700 éléments du M23 à la CPI » pour crimes de guerre , comme s'en vante déjà quelques médias kabilistes, tout en imposant au gouvernement de la RDC de poursuivre des pourparlers avec eux en vue d'aboutir à une conclusion dans 14 jours ? De qui se moque-t-on ?

Et comme par hasard, dès l'annonce de cette décision, Bertrand Bisimwa, le chef politique du M23 qui était dans les coulisses de cette rencontre des Chefs d'Etat, est sorti de son trou pour annoncer avec arrogance : *« La délégation du M23 est déjà sur place à Kampala. Elle est prête à négocier avec Kinshasa immédiatement»* !

Les «concertations nationales» vidées de leur

Raison d'être par l'imposteur «Kabila»

Maintenant que Hyppolite Kanambe vient de flouer toute cette naïve classe politique congolaise en lui coupant l'herbe sous les pieds, le peuple congolais a les yeux tournés vers l'attitude qu'adoptera demain ceux qui clament haut et fort, la main sur le cœur, qu'ils veulent aller aux «concertations nationales» pour garantir la paix et l'unité de la RDC

Le temps de se plaindre est passé ! Le temps des débats creux et puérils est révolu ! La vérité est là sous nos yeux. Il nous appartient désormais de nous assumer pleinement. Commençons d'abord par nous-mêmes, c'est-à-dire par nos propres traitres au sein de notre classe politique et au sein de la résistance congolaise!

A suivre.

Paris, le 06 Septembre 2013

Candide OKEKE

L'ŒIL DU PATRIOTE

32. A Son Excellence Monsieur l'Ambassadeur de l'Afrique du Sud en France

Objet : Dénonciation du projet d'assassinat à Johannesburg d'un membre de la famille de Monsieur Honoré Ngbanda-Nzambo par «Joseph Kabila»

Monsieur l'Ambassadeur,

L'Alliance des Patriotes pour la Refondation du Congo, APARECO en sigle, mouvement de résistance politique basé en France et qui lutte contre l'occupation de la République Démocratique du Congo par les forces extérieures dont essentiellement rwandaises et ougandaises, tient à porter à votre connaissance le projet diabolique que nourrit Monsieur « Joseph Kabila », de son vrai nom Hyppolite Kanambe qui projette d'assassiner sur votre territoire à Johannesburg, un membre de la famille biologique de Monsieur Honoré Ngbanda-Nzambo Ko Atumba, son président national. Ce geste sanguinaire vise à saper le moral du leader de l'APARECO et à le contraindre à abandonner son combat patriotique pour la libération de son pays.

Londres, le 04 Septembre 2013

Colonel MOTOKO LEMBI

Secrétaire National Exécutif de l'APARECO

Chargé de la Défense et de la Sécurité

www.info-apareco.com

Pour suivre la video cliquez ici :

http://www.youtube.com/watch?v=ibCyM-DzUuI

Pour télécharger ou écouter la version Audio MP3

"Notre Combat est d'abord spirituel" :

Témoignage public d'Honoré Ngbanda,

Président national de l'APARECO

Nouveau message aux chrétiens de la RDC

33. La RDC dénonce la mobilisation de l'armée rwandaise à la frontière entre Goma

Sandra Bushiri :
La RDC dénonce la mobilisation de l'armée rwandaise à la frontière entre Goma et Gisenyi Kinshasa, 16/09/2013 / Politique Un incident s'est produit dimanche 15 septembre à la frontière entre
To
congo@yahoogroupes.frcongoelite@yahoogroupe s.frcongovirtuel@yahoogroupes.fr and 7 More...
Sep 16

La RDC dénonce la mobilisation de l'armée rwandaise à la frontière entre Goma et Gisenyi.

Kinshasa, 16/09/2013 / Politique
Un incident s'est produit dimanche 15 septembre à la frontière entre la RDC et le Rwanda. Le gouvernement Rwandais dit avoir arrêté un soldat qui était lourdement armé et présent sur son territoire à Gisenyi.

Lambert Mende Omalanga

Photo Radiookapi.net

Pour la RDC, l'homme était kidnappé alors qu'il circulait sur une zone neutre. En tout cas, l'incident s'est produit dans un contexte de relations déjà tendues entre les deux pays alors que le Rwanda a déployé des troupes à la frontière avec son voisin ; déploiement qui inquiète la SADC. C'est ce qu'a déclaré la SADC ce week-end ; déclaration saluée par les autorités de la RDC qui, de leur côté voient ce déploiement comme la preuve d'une collusion entre le Rwanda et le M23.

Le militaire congolais enlevé par des policiers rwandais sera libéré mardi

Des responsables des Forces armées de la RDC (Fardc) au Nord-Kivu indiquent que le militaire congolais kidnappé par des policiers rwandais le dimanche dans la zone neutre à la frontière entre les deux pays sera libéré ce mardi 17 septembre.

La SADC a prévenu le Rwanda

C'est avec raison que la Communauté de développement de l'Afrique Australe (SADC), à l'issue d'un sommet en Namibie la semaine dernière, « s'inquiète du déploiement des troupes rwandaises à la frontière et exprime son espoir que le Rwanda n'envisage pas d'envahir la RDC ». Ce sont les mots utilisés par l'organisation régionale, indique

Une réunion noire à Rumangabo

Entre-temps, nous apprenons qu'une « messe noire » s'est tenue, toujours hier dimanche, à Rumangabo entre une délégation de l'armée rwandaise et leurs vassaux du M23. Cette réunion visait à faire une évaluation de la situation catastrophique vécue par le M23 aux alentours de Goma lors des derniers affrontements avec les FARDC, mais aussi à planifier des nouveaux massacres en Rdc.

Le Gouvernement de la République qui est conscient de cette menace grave a pris des mesures qui s'imposent, en redoublant la vigilance des FARDC. Quant à la guerre qui s'est déroulée sept jours durant entre les FARDC et la coalition RDF-M23, retenons que ce mouvement rebelle a enregistré un bilan macabre de 517 blessés graves, 292 morts dont 5 lieutenants-colonels, 13 majors et 4 commandants bataillon. Du côté rwandais, le bilan est de 183 blessés graves, 76 morts, un lieutenant colonel du nom de Ngudiyoukouri Kaberuka et 6 capitaines.

L'Avenir

34. SCANDALEUSE PARODIE DE JUSTICE A LA COUR SUPREME CE 16/09/2013 AU PROCES POLITIQUE D' EUGENE DIOMI

fsddc
[youtube=http://www.youtube.com/watch?v=SOHJz MULhNw] SCANDALEUSE **PARODIE DE JUSTICE A LA COUR SUPREME CE 16/09/2013 AU PROCES POLITIQUE D' EUGENE DIOMI NDONGALA Prévue à 09h00, l'audience de la**
To
bruno.hanses@eeas.europe.eucongo@yahoogrou pes.fr
Sep 16

[youtube=http://www.youtube.com/watch?v=SO HJzMULhNw]

SCANDALEUSE PARODIE DE JUSTICE A LA COUR SUPREME CE 16/09/2013 AU PROCES POLITIQUE D' EUGENE DIOMI NDONGALA

Prévue à 09h00, l'audience de la Cour Suprême de Justice devant se pencher sur le cas de l'opposant et détenu politique Eugene Diomi Ndongala, a débuté à14h00.

Apres un premier temps où la grande salle était pleine d'observateurs, hommes politiques et journalistes, après quelques minute de débat le président de la Cour a demandé le huis clos, pour empêcher que le publique dévisage les deux dames qui se présentent comme victimes et qui sont arrivées à la cour couverte de la tête aux pieds d'un tissu leur couvrant même les yeux.

Un autre fait remarquable est la présence dans la partie civile de Francia Kalombo, prétendu avocat du barreau de kananga – après avoit été refusé au barreau de Matete ent tant que faussaire, accompagnés d'un ordre de stagiaires.

La Défense a eu de la peine à prendre la parole, a présenter ces exception y comprise celle de la non application, après 6 mois, des 3 arrêts de la

même Cour Suprême de Justice assignant Diomi
Ndongala en résidence surveillées.

La Défense frustrée pour le manque d'écoute de
la Cour et surtout parce que la parole ne lui était
tout simplement accordée, a laissé parler Diomi
Ndongala lui-même.

A ce point, avec les forces que lui restent, Diomi
Ndongala dit au Juge Président qui le récuse car
il a donné preuve d'une partialité qui ne le lui
garantit pas un jugement équitable.

Vérité et Justice pour le Congo,

Marc Mawete

http://www.youtube.com/watch?v=SOHJzMULh
Nw

35. [Congocitizen] Kamerhe fait d'une rumeur une affaire d'Etat !

kiloka ngoié roland :

Avec son sempiternel problème d'orientation et de fixation Kamerhe fait d'une rumeur une affaire d'Etat ! Emanant du "Coordonnateur" non autrement identifié, un communiqué de presse avec en-tête "

To LECRIDESOPPRIMEScongo-uni@yahoogroups.comcongokin-tribune@yahoogroupes.fr and 3 More...
Sep 24

Avec son sempiternel problème d'orientation et de fixation

Kamerhe fait d'une rumeur une affaire d'Etat !

Emanant du "Coordonnateur" non autrement identifié, un communiqué de presse avec en-tête "COALITION POUR LE VRAI DIALOGUE EN RD.CONGO " a été diffusé le 21 septembre 2013. Il est introduit en ces termes : "*Des informations concordantes révèlent qu'une réunion se serait tenue non loin de Kinshasa où les ennemis du peuple congolais, toujours déterminés à pérenniser son malheur, ont décidé de soumettre aux prétendues concertations nationales en cours au Palais du Peuple un schéma de partage de pouvoir selon la formule 1+2, c'est-à-dire 1 Président de la République et deux Vices Présidents*" (sic). La CVD, tenez-bien, n'a pas de siège. Elle n'a, en plus, ni numéro de téléphone, ni e-mail de contact. Autant dire un tract. Des 33 signataires, 14 sont de l'Unc de Vital Kamerhe. L'Udps, l'Udemo et le Rcd-N sont absents. C'est à se demander finalement de quel poids se prévaut-elle...

Premier et principal effet d'entraînement :

Faute de temps car, coïncidence fortuite ou non, le " scoop" - pour autant qu'il en soit un - a été jeté en pâture aux médias la veille du départ de Joseph Kabila à New York où se tient la 68ème session ordinaire de l'Onu, une session de haute importance dans la mesure où deux événements s'y tiennent : primo, la session proprement dite; secundo, la réunion Sadc et Cirgl sur la Rdc.

Réinventer la roue !

Peu importe la formule choisie (Concertations nationales ou Dialogue politique) : le principe établi est celui de l'opposabilité des résolutions à toutes les composantes.

La question pertinente est de savoir quelles sont les

Si le président de l'Unc a cherché à réinventer la roue, c'est encore la preuve qu'il a un sérieux problème d'orientation et de fixation.

Omer Nsongo die Lema

Roland Ngoie KILOKA
Président
Comite de Soutien

Président Joseph Kabila KABANGE
rolandngoiek@yahoo.com
ngoiekiloka@hotmail.com
 Montréal Canada

36. congocitizen] COMMUNICATION DE L'ORGANISATION HUMANITAIRE STOP CONGO GENOCIDE

Jacques Matanda Madame, Monsieur, A l'occasion de la tenue de la 68 eme Assemblée générale de l'Organisation des Nations-Unies,- l'Organisation humanitaire « Stop Congo Genocide » se fait le devoir humanis
To
kivusafari@yahoo.frcongocitizen@yahoogroups.c
acccmontreal@yahoo.fr and 31 More...
Sep 30
Madame, Monsieur,

A l'occasion de la tenue de la 68 eme Assemblée générale de l'Organisation des Nations-Unies,- l'Organisation humanitaire « Stop Congo Genocide » se fait le devoir humaniste d'apporter sa modeste contribution a un meilleur éclairage de la lanterne des Chefs d'Etat
et des Délégations parties prenantes sur la question reprise en marge.

Parfaite considération.

Pour l'Organisation humanitaire « Stop Congo Génocide »

Le Porte-parole

Jacques Matanda ma-Mboyo Kudia Kubanza

37. congocitizen] RE: VOICI L'ÉQUIPE DU GOUVERNEMENT DE TRANSIT

Bin Mudia Ya solo, peuple aponi bino. Kie kie kie...congolais po na pouvoir aza unique na mokili. Ah nzabe tosala yo nini? Bin*** Date: Fri, 11 Oct 2013 21:30:29 +0100 From: mbelorobert@yahoo.fr Subject: VOICI To Robert Mbelogtmundela@yahoo.comcongo@yahoogroupes.fr and 72 More...
Oct 11

Ya solo, peuple aponi bino. Kie kie kie...congolais po na pouvoir aza unique na mokili. Ah nzabe tosala yo nini?
Bin***

Date: Fri, 11 Oct 2013 21:30:29 +0100
From: mbelorobert@yahoo.fr
Subject: VOICI L'ÉQUIPE DU GOUVERNEMENT DE TRANSITION EN RÉPUBLIQUE DÉMOCRATIQUE DU CONGO
To: gtmundela@yahoo.com;
congo@yahoogroupes.fr;
Noel.Mbala@yahoo.co.uk;

38. [Congo] Re: COMBIEN COUTENT LES

NEGOCIATIONS DE KAMPALA A L'ETAT CONGOLAIS ?

Claudia Girl :

To Forum des patriotes congolais
lumumbistescongocongocitizen@yahoogroupes.fr
and 10 More...
Oct 21

Que vise Maïndo avec cette intox qu'il se plaît à renvoyer mille et une fois comme si c'était la clé de voûte pour entrer au ciel? Sinon à décourager les Fardc sur les lignes de front alors qu'il s'avère clair que seul le langage militaire peut-être compris par les terroristes aventuriers et affairistes de l'est de la RDC.

C'est dans ce contexte qu'il faut jauger le patriotisme hypocrite de Maîndo!

Samy BOSONGO

Le Lundi 21 octobre 2013 15h17, maindo gabriel <maindo74@YAHOO.FR> a écrit :

Je sais que je gêne la majorité kabiliste et leurs alliés du RCD-CNDP-M23 à chaque fois que je révèle à nos concitoyens les arrangements et le complot du pouvoir de Kinshasa et de ses alliés rwando-urundais et ougandais contre l'intérêt supérieur de la nation.

Je me demande si le pouvoir de Kinshasa était réellement en conflit avec l'ennemi du RCD-CNDP-M23?

Je n'agace personne et attention aux rumeurs distillées par les uns et les autres contre ma personne à chaque fois que je dénonce le régime corrompu et impuissant de Kinshasa ainsi que ses alliés du RCD-CNDP-M23.

Je ne suis pas héritier d'appareils politiques ou d'un leader politique.Mon nom,je ne le dois qu'à moi-même car en m'engageant en politique, j'étais convaincu que, c'est souvent quelque chose de prévisible et cela doit rester une prise de risque,quelque chose à inventer,même seul,même dans des circonstances difficiles.

Il faut écouter cette petite voix intérieure,bousculer l'ordre des choses. C'est ça qui fait ma force et ma différence en politique.

La politique est pour moi un engagement sincère pour défendre des valeurs humanistes et républicaines.

C'est pourquoi, je m'abstiens toujours à des attaques personnelles et gratuites pour marquer la différence.

Comme tout le monde le sait,c'est depuis dix mois que le gouvernement de Kinshasa et ses anciens alliés du RCD-CNDP-M23 négocient à Kampala pour une crise dont notre peuple est victime des caprices idiotes entre alliés.

Et combien coûte ces farces des négociations à l'état Congolais depuis le mois de décembre 2012 jusqu'à ce jour?

Pour ceux qui ne savent pas,c'est avec l'argent de l'état Congolais que sont prises en charge les délégations du gouvernement de Kinshasa,du RCD-CNDP-M23 et de la facilitation ougandaise.

Les deux délégations ont chacune 10 membres, ce qui fait 20 membres pour les deux délégations dont l'hôtel,la restauration et la prime financière sont payés par l'état Congolais.

Combien gagne-t-il par jour un membre de la délégation du RCD-CNDP-M23 aux négociations de Kampala?

Sans être contredit ni par le gouvernement Kabila et ses alliés du RCD-CNDP-M23,un membre de ce groupe terroriste reçoit journalièrement une prime financière de 150 $ + 300 $ (hôtel) x 30 jours = 13 500 $.

Soit 13 500 $ x 10 membres de la délégation du RCD-CNDP-M23 = 135 000 $ par mois.

A ce jour, les deux anciens alliés sont au dixième mois des négociations, donc, 135000 $ x 10 mois = 1 350 000 $.

Combien gagne-t-il par jour un membre de la délégation du gouvernement kabiliste aux négociations de Kampala?

Un délégué a une prime journalière de 250 $ + 300 $ (hôtel) x 30 jours = 16 500 $.

Soit 16 500 $ x 10 membres de la délégation = 165 000 $ x 10 mois
 = 1 650 000 $

Et la fameuse facilitation ougandaise bénéficierait d'une dotation mensuelle de 120000 $ versée par l'état Congolais.
Total : 120 000 $ x 10 mois = 1 200 000 $

Total général : 1 350 000 $ + 1 650 000 $ + 1 200 000 = 4 200 000 $

Pendant que Joseph Kabila est incapable de nourrir et payer 150 $ ou 250 $ par mois aux militaires Congolais, mais il a les moyens de

débloquer ces sommes d'argent pour gratifier ses anciens alliés capricieux.

Gabriel MAINDO
Tel: 0033623424799

39. Congo] Les images des FARDC au front. [Toboyi ba replis strategique ya pamba pamba de la part ya Kabila

G. Lutonadio Les images des FARDC au front.Toboyi ba replis strategique ya pamba pamba de la part ya Kabila La carte des lieux où se déroulent les batailles pour la réhabilitation de l'intégrité, de l'honneur

To G. LutonadioCongoVista@yahoogroupes.frCongo@yahoogroupes.fr and 35 More...

Oct 28

Les images des FARDC au front.

Toboyi ba replis strategique ya pamba pamba de la part ya Kabila

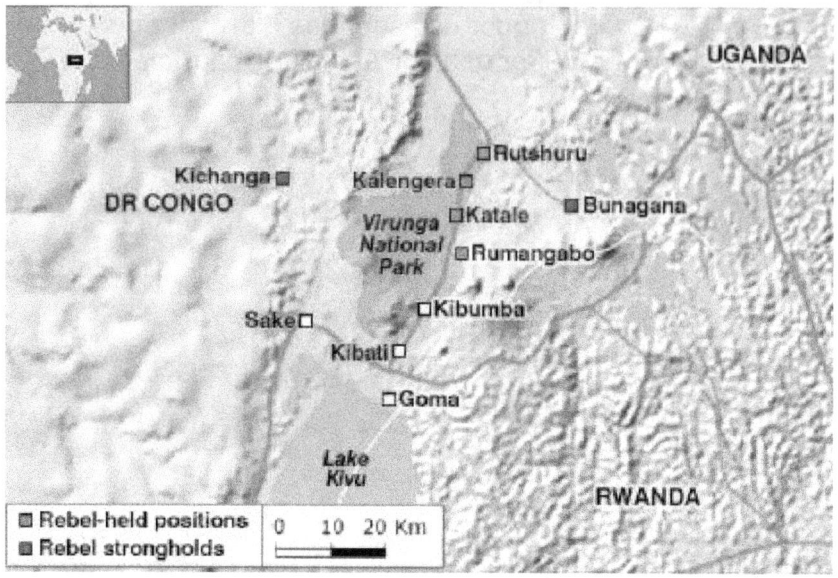

La carte des lieux où se déroulent les batailles pour la réhabilitation de l'intégrité,

de l'honneur et de la dignité de la grande RDC .

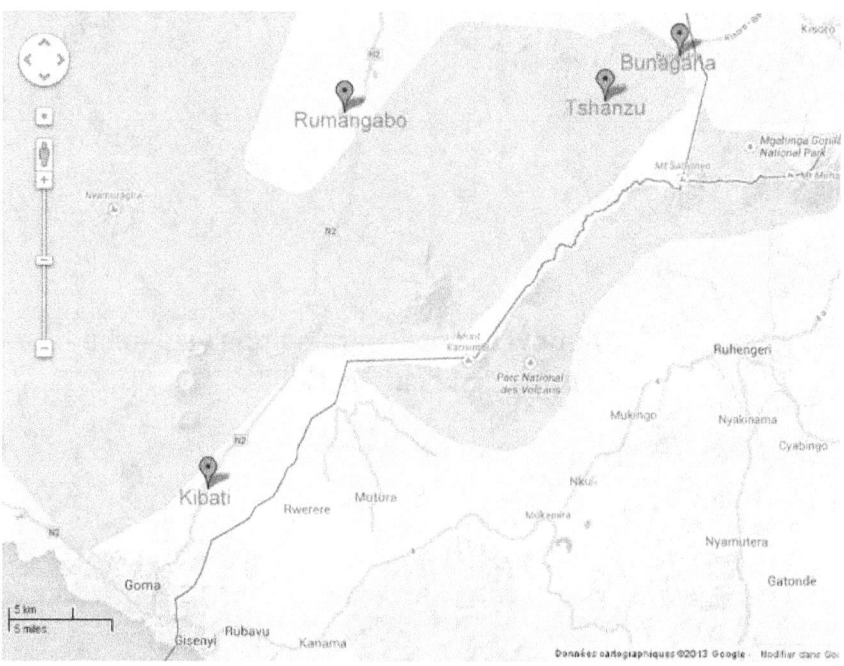

Veuillez regardez où se trouvent la nouvelle conquête de nos FARDC et le QG des M23, Bunagana.

L'autre côté c'est l'Ouganda!

Voici à quoi ressemble le relief des lieux où nos FARDC combattent.

Très fâché, "kanda ya kosakana te",
"hasira ya makali saana", un soldat des
FARDC au front,

décidé de chasser la racaille et criminels
de M23 de la RDC.

Des officiers des FARDC attendant le Gouverneur Jukien Paluku du Nord-Kivu

à Kibumba sitôt repris par les FARDC.

Le gouverneur Paluku écoutant le rapport du valeureux patriote Colonel Ndala,

Commandant d'un régiment de commandos congolais.

Kibumba centre. On y voit, de loin, deux drapeaux de l'UNC.

Drame des Congolais forcés de fuir...

Un "orgue de Staline!" quittant Goma
vers le front, Kiwandja, pour appuyer
nos fantassins.

*Au front, deux officiers des FARDC
visant une cible avec leur lance roquette.*

*Un lance-roquettes multitubes dit
"orgue de Staline" des FARDC en action*

*aux environs de Kirunga dans le
Territoire de Nyiragongo.*

Des bérets rouges
congolais, parachutistes, en renfort.

Malgré des renforts venus du Rwanda,
le M23 vient de perdre la bataille de
Kibumba.

Ici, nos FARDC déploient fièrement le
drapeau national.

Regardez le geste du Colonel Ndala,
"ndoki na bango"...

*Entrée triomphale des soldats des
FARDC à Kibumba.*

**Observez l'allégresse de la population
maintenant libre.**

Des jeunes filles et garçons accompagnant gaiement des soldats des FARDC dans les rues de Kibumba.

Des officiers supérieurs des FARDC en brousse, dans un poste de commandement.

G.Lutonadio

Melville

USA

P Save a tree...please only print this e-mail if it is genuinely required.

Dr. Henry Kissinger a écrit : "La dépopulation devrait être la plus haute priorité de la politique américaine envers le tiers-monde."

" *Dans les temps de tromperie universelle, dire la vérité devient un acte révolutionnaire.*"

"We will remember not the words of our enemies, but the silence of our friends." "Nous ne nous souviendrons pas des paroles de nos enemis mais plutot du silence de nos amis"

"Tout militaire sans formation ideologique, c'est un criminel en puissance et malheur a ceux qui baillonnent leur peuple: Thomas Sankara"

"Je me demande pourquoi vous soutenez ces navires de la course au pouvoir appelés partis politiques mis en place pour que nous ne réalisions jamais ce qu'est reellement la politique et la démocratie et de toujours nous faire accepterer le mensonge sur la vérité. Vous ne pouvez jamais gagner un match en utilisant les règles du jeu qui peuvent etre changer par ses inventeurs en un clein d'oeil afin d'y sortir tourjours gagnant."

Open your eyes and your mind
with www.infowars.com

FW: [congocitizen] RDC: l'armée poursuit son avan

NDEKA BOKA From: bndeka@hotmail.com To: gbizib@gmail.com Subject: FW: [congocitizen] RDC: l'armée poursuit son avancée dans l'Est face au M23 Date: Mon, 28 Oct 2013 20:54:50 -0400 To: kivu-avenir@yahoogroupes.
To Joelle mabikaAlain Lutumba NdekaPascal Mossengo and 24 More...
Oct 28

From: bndeka@hotmail.com
To: gbizib@gmail.com
Subject: FW: [congocitizen] RDC: l'armée poursuit son avancée dans l'Est face au M23
Date: Mon, 28 Oct 2013 20:54:50 -0400

To: kivu-avenir@yahoogroupes.fr
From: kmulume@hotmail.com
Date: Mon, 28 Oct 2013 16:51:35 +0200
Subject: [congocitizen] RDC: l'armée poursuit son avancée dans l'Est face au M23

RDC: l'armée poursuit son
avancée dans l'Est face au
M23

KINSHASA, 28 octobre 2013 (AFP) - L'armée congolaise, épaulée par les Casques bleus de l'ONU, inflige revers sur revers aux combattants du M23 dans l'est de la République démocratique du Congo (RDC), où la zone sous le contrôle de la rébellion se réduisait lundi comme peau de chagrin. Les Forces armées de la RDC (FARDC) ont annoncé en fin de matinée avoir repris la base militaire stratégique de Rumangabo, à une quarantaine de kilomètres au nord de Goma, la capitale de la province du Nord-Kivu. Tenue par le M23 depuis plus d'un an, cette base servait de centre de formation régional à l'armée. Elle constitue le dernier verrou avant la frontière ougandaise. Dans la nuit, c'était la localité de Rubari, proche de Rutshuru (80 km au nord de Goma), qui était tombée aux mains des forces gouvernementales, et dimanche, l'armée avait repris Kiwanja et Rutshuru, deux villes importantes du Nord-Kivu, riche province agricole et minière déchirée par la guerre depuis une vingtaine d'années. Les combats entre le M23 et l'armée avaient repris vendredi, après environ deux mois de trêve, et quatre jours après la suspension des pourparlers de paix entre les deux camps qui se déroulent à Kampala, en Ouganda. L'ONU, l'Union européenne et les Etats-Unis ont appelé Kinshasa et le M23 a reprendre ces pourparlers, mais le gouvernement, qui a répété à plusieurs reprises sa volonté d'anéantir le M23, ne donne pas l'impression de vouloir s'arrêter en si bon chemin. Du fait de la progression des troupes gouvernementales, le Mouvement du

23 Mars (M23) ne contrôle désormais plus que quelques centaines de kilomètres carrés limitrophes de l'Ouganda et du Rwanda, deux pays que l'ONU et Kinshasa accusent régulièrement - malgré les démentis des intéressés - de soutenir les rebelles.

Selon des sources militaires étrangères, le nombre des combattants du M23 serait dorénavant inférieur au millier. Ce mouvement était parti d'une mutinerie, en avril 2012, d'anciens rebelles essentiellement tutsi, intégrés dans l'armée en 2009.

Un officier de la Mission de l'ONU (Monusco) a indiqué à l'AFP que les Casques bleus avaient enregistré plus "plus de 70" redditions de combattants du M23 à Kiwanja dimanche. "Les FARDC en ont certainement aussi, et en plus grande quantité", a-t-il ajouté.

"Une vingtaine de rebelles se sont rendus aux FARDC sur l'axe Kiwanja", a indiqué le lieutenant-colonel Olivier Hamuli, porte-parole de l'armée au Nord-Kivu. Il a souligné que d'autres redditions avaient eu lieu à Rumangabo et Rutshuru mais n'a pas été en mesure de les chiffrer.

Aucun commandant rebelle n'avait pu être joint lundi matin.

"Les rebelles doivent déposer les armes"

Selon le gouverneur du Nord-Kivu, Julien Paluku, l'armée est entrée sans trop de difficultés dans Rutshuru.

Les rebelles "sont désorganisés, tout ça joue pour nous", a pour sa part indiqué l'officier de la Monusco.

"A l'hôpital de Rutshuru, on a reçu une dizaine de blessés, dont un est décédé. Tous étaient des civils", a indiqué un médecin sous le couvert de l'anonymat, ajoutant qu'une femme avait été tuée par balle dans la ville.

A Kibumba, à 25 km au nord de Goma, où l'armée était entrée vendredi, les troupes gouvernementales n'avaient pas encore la situation totalement en main, le M23 conservant une ou plusieurs positions sur une colline à la frontière avec le Rwanda.

Dimanche soir, à Kabagana, à la frontière avec le Rwanda, des déplacés se préparaient à rentrer à Kibumba mais ont dû se raviser face à une intense reprise des combats.

Dimanche, le gouverneur Paluku, a
annoncé la découverte de deux
fosses communes dans cette localité
et demandé une "enquête
internationale". Le ministère de la
Défense a créé une commission
d'enquête militaire, qui
travaillera avec une "équipe plus
outillée" qui sera "dépêchée
incessamment" sur les lieux.

Pour M. Paluku, l'offensive des
FARDC doit se poursuivre. "La
question des négociations, du
retour à Kampala, moi, je ne suis
pas d'accord. Il y a eu trop de
morts, ils (les rebelles) doivent
déposer les armes".

Dans un communiqué, la Société
Civile du Nord-Kivu, qui a
plusieurs fois plaidé pour l'arrêt
du dialogue de Kampala, craint pour
sa part que "les FARDC reçoivent
l'ordre d'arrêter la traque ou de
se retirer des cités et
agglomérations libérées", comme
cela s'est produit auparavant.

Par Habibou BANGRE

RDC: l'armée annonce avoir pris au M23 la base militaire de Rumangabo

Lieutenant-colonel Olivier Hamuli, porte-parole de l'armée dans la province de Goma

KINSHASA, 28 octobre 2013 (AFP) - L'armée congolaise a affirmé lundi avoir repris le contrôle de la base militaire stratégique de Rumangabo, au quatrième jour des combats qui l'opposent à la rébellion du M23 dans l'est de la République démocratique du Congo. "Nous avons pris la base militaire de Rumangabo", à une quarantaine de kilomètres au nord de Goma, capitale de la province du Nord-Kivu. "On a combattu, mais pas très longtemps: l'ennemi est démoralisé tant la puissance de feu des FARDC (armée gouvernementale) est grande", a déclaré à l'AFP le lieutenant-colonel Olivier Hamuli, porte-parole de l'armée dans la province. Rumangabo est une base stratégique de l'armée qui servait notamment de formation à l'armée. Selon le gouverneur provincial Julien Paluku, elle "était aux mains du M23 depuis juillet 2012". Le M23 restait injoignable lundi matin pour commenter la prise de cette base. Le porte-parole de l'armée s'exprimait depuis Rutshuru (80 km au nord de Goma), que les FARDC ont prise dimanche. "Nous sommes là avec le gouverneur et Martin Kobler (chef de la Mission de l'ONU pour la stabilisation de la RDC, Monusco) pour réconforter

les populations, saluer le travail
de titan des FARDC et rendre
hommage au Casque bleu tanzanien"
de la brigade d'intervention de
l'ONU, a-t-il dit.

Ce Casque bleu a été abattu
dimanche quand l'armée et la
brigade d'intervention prenaient le
contrôle de Kiwanja, une localité à
quelques kilomètres de Rutshuru où
la Monusco dispose d'une importante
base et où le M23 s'est livré à de
nombreux pillages.

"Une grande cérémonie sera
organisée à Kiwanja en sa mémoire",
a annoncé M. Paluku.

Les combats entre l'armée et le
gouvernement avaient repris
vendredi après un peu moins de deux
mois d'une trêve globalement
respectée.

La rébellion du M23 est active
depuis mai 2012 au Nord-Kivu. L'ONU
et Kinshasa accusent régulièrement
le Rwanda et l'Ouganda - malgré
leurs démentis - de la soutenir.

Le 10 septembre, après plusieurs
mois d'arrêts, des pourparlers de
paix avaient repris à Kampala entre
le gouvernement congolais et le
M23, mais ils ont été suspendus
dans la nuit du 20 au 21 octobre.

hab/mj/mba

RDC: l'armée congolaise a pris deux villes stratégiques au M23

Après Kibumba, l'armée congolaise a enlevé le 27 octobre, deux places fortes de la rébellion du M23, à Kiwanja et Rutshuru, dans l'est de la République démocratique du Congo. Les FARDC ont progressé avec le soutien de la Monusco, dont un casque bleu tanzanien a été tué. Le M23 s'est retiré de ces zones, parfois sans combat. Les rebelles demandent la cessation immédiate des hostilités et menacent de se retirer du processus de négociations de Kampala. Kiwanja et Ruthsuru. Derrière ces deux noms, deux villes lourdes en symboles. Et d'abord celui du système M23. Sous la tutelle de la rébellion depuis sa création en 2012, le Mouvement du 23-Mars s'était emparé de tout : de l'administration de la ville, des taxes, mais aussi d'un péage pour ceux qui passaient par sa zone de contrôle. Pour les FARDC, la prise de ces villes, véritables places fortes du M23, a forcément le goût de la victoire. Surtout que les combats étaient particulièrement compliqués avec plus de 50 000 civils qui vivent dans la zone. L'appui de la brigade d'intervention de l'ONU, qui a ouvert le feu, a sans doute été crucial. Le M23 s'est retiré. Mais la situation dans la zone reste très volatile, et les FARDC doivent maintenant maintenir leurs positions. Une difficulté à laquelle ils sont également confrontés plus au sud à Kibumba, à 20 km de Goma. Hier soir, l'armée congolaise tentait toujours de déloger les derniers éléments du M23, retranchés derrière une colline à Gisasi, tout près de la frontière rwandaise.

Une poche de résistance :

Si l'armée congolaise et la Monusco faisaient état d'avancées importantes hier, la situation reste tendue et volatile sur le front. A une vingtaine de kilomètres de Goma, à l'entrée de Kibumba près de la frontière rwandaise, il y avait encore une poche de résistance du M23 qui dimanche soir n'était toujours pas tombée. Reportage à deux kilomètres de la ligne de front de Kibumba.

Fuite des habitants vers Goma

Les derniers habitants de Kibumba ont pris la fuite vers Goma. Ils arrivent par petits groupes le long de la route poussiéreuse. Certains ont des gros baluchons sur la tête, d'autres portent des fagots de bois, des bidons en plastique ou leurs enfants.

Ils fuient les combats comme Sifa et ses quatre enfants :« De Kibumba, j'avais fui à Gasisi à la frontière avec le Rwanda, mais je suis repartie ce matin car il y a des bombes qui ont commencé à tomber, et je n'ai pas pu passer de l'autre côté. La frontière était fermée. »

Comme Sifa, ils sont déjà plus de deux cents à s'être assis, au bord de la route, une fois arrivés au premier char de la Monusco. « Ce sont des civils, indique le major Kacem, dans l'immédiat nous les protégeons avant de les évacuer vers un lieu plus sûr et de leur donner de la nourriture. »

Une gymnastique bien connue de tous ces habitants du Nord-Kivu qui, pour certains, vivent leur troisième guerre. Bonannée et ses trois enfants ont déjà quitté leur maison trois fois : « J'ai pris les habits des enfants, une bassine et une couverture. La première fois, je suis allée à Kanyarutchinia pendant un mois, une autre fois dans un camp de réfugiés et maintenant, j'ai dû le quitter encore. Je suis fatiguée de ces allers-retours : à chaque fois on espère que c'est la paix et en fait non… ».

De temps en temps, un char de l'armée congolaise passe : direction la ligne de front. Au troisième jour d'une offensive contre la rébellion du M23, plus de 5000 personnes déjà ont été déplacées.

Réaction du M23

Dans un communiqué, le mouvement rebelle affirme s'être replié « sans combat » par crainte d'être accusé de violations des droits de l'homme. C'est ce qu'explique également Roger Lumbala, le vice-président du de la délégation du M23 à Kampala.

Le M23 menace de quitter les pourparlers de paix de Kampala si la médiation du dialogue n'obtenait pas une « cessation immédiate des hostilités ». Ce n'est pas une déroute, affirme Roger Lumbala, le vice-président de la délégation du mouvement à Kampala.

 Lien externe:

http://www.rfi.fr/afrique/20131028-rdc-armee-pris-deux-ville...

[Congo] Re: Après avoir défait le M23: démanteler les réseaux maffieux à Kinshasa

Claudia Girl Lu pour vous! Ainsi dit, qui va encore accuser le Chef de l'Etat de n'importe quoi? Toute la matière est ici donnée pour répondre aux question que les uns et les autres se posent. Maintenant on con
To Forum des patriotes congolais lumumbistesednsimba@aol.comfreddympiutu@hotmail.com and 9 More...
Oct 30

Lu pour vous!
Ainsi dit, qui va encore accuser le Chef de l'Etat de n'importe quoi?

Toute la matière est ici donnée
pour répondre aux question que les
uns et les autres se posent.
Maintenant on connaît les acteurs
de l'insécurité de l'est et ce que
sont leurs motivations réelles.

Samy BOSONGO

De : Mambo <Lumona1@AOL.COM>
À : CONGOKIN-
TRIBUNE@CONGOKINGROUPS.COM
Envoyé le : Mercredi 30 octobre 2013 11h16
Objet : Après avoir défait le M23: démanteler
les réseaux maffieux à Kinshasa

(Le Potentiel Online 30/10/2013 - 05:02)

Le succès militaire qu'alignent les Forces armées
de la RDC sur le front de l'Est doit
obligatoirement être capitalisé. La débâcle qui a
gagné les rangs de M23 doit servir de point de
départ d'une grande action pour démanteler tous
les réseaux maffieux politico-militaires qui se sont
pendant très longtemps nourri de la guerre de
l'Est. Ils s'étendent de l'Est de la RDC jusqu'à la
capitale, Kinshasa.

En 2010, le chef de l'Etat, Joseph Kabila
Kabange, l'avait dénoncé lors d'une mission dans
l'Est. Aujourd'hui, le temps se prête bien pour un
nettoyage à fond des écuries d'Augias.

La guerre de l'Est a pris une autre tournure avec
la reprise par les Forces armées de la RDC de
principaux points d'ancrage de M23. La chute
successive de Kiwanja et Rutshuru, suivie de la
reprise de la base militaire de Rumangabo, passe
pour un certificat de décès du M23. Désormais, le
mouvement rebelle se conjugue déjà au passé. Le
M23 est maintenant « quasiment militairement
fini », a déclaré, en visioconférence depuis Goma
et devant le Conseil de sécurité de l'Onu réuni en
urgence à New York, le chef de la Monusco,
Martin Kobler.

A Kinshasa, la classe politique, toutes tendances
confondues, se félicite de la montée en puissance

des FARDC. L'opinion espère également voir en ce succès militaire le début d'une solution durable des conflits récurrents qui rongent depuis plus d'une décennie la partie Est de la RDC. De ce point de vue, la déroute du M23 n'est qu'une solution au problème de l'Est. Pour autant qu'elle ouvre la voie à un travail de fond pour neutraliser tous les réseaux maffieux qui se sont développés autour des conflits de l'Est. La débâcle du M23 passe donc pour un détonateur pour le démantèlement des circuits parallèles qui continuent à vivre de la guerre de l'Est.

NETTOYER LES ECURIES D'AUGIAS

En septembre 2010, Joseph Kabila Kabange entreprend une tournée dans la partie Est de la RDC. A l'étape de Goma, le président de la République a ouvertement dénoncé la maffia politico-militaire qui s'est développée autour des tensions récurrentes de l'Est. Il a, à l'occasion, clairement fustigé « l'implication manifeste de certaines autorités locales, provinciales et nationales, tant civiles que militaires, dans l'exploitation illégale et le commerce illicite des substances minérales ». De l'avis du chef de l'Etat, l'exploitation minière dans l'Est de la RDC a été le fait des groupes maffieux dont les ramifications, selon lui, s'étendent bien au-delà des zones d'exploitation. Plus explicitement, jusqu'à Kinshasa où des autorités tant civiles que militaires tirent profit du commerce illicite des minerais de l'Est. Dépité, le chef de l'Etat instruira le ministre des Mines, Martin Kabwelulu, qui faisait partie de la délégation de suspendre, par voie d'arrêté, toute forme d'exploitation minière au Maniema et dans les deux provinces du Kivu.

Dans le communiqué rendant compte de cette décision, le ministre des Mines rappellera que la mesure consiste à « neutraliser tous les groupes maffieux qui opèrent dans ces zones minières », soulignant que la décision a été motivée par le constat « amer » du chef de l'Etat, selon lequel « l'exploitation minière dans cette partie du pays résulte du fait des activités des groupes mafieux qui confortent l'insécurité récurrente ». Il est un fait aujourd'hui que les tensions dans l'Est ont un lien direct avec l'exploitation et le commerce illicite des ressources naturelles. Cette situation passe, en effet, pour le nerf de la guerre. Pour le cas spécifique, une Ong américaine a tout récemment fait des révélations qui corroborent cette thèse. Pour cette Ong, en une année d'occupation de certains territoires de la province du Nord-Kivu, le M23 a pu réaliser des opérations de trafic de minerai de l'ordre de 500 millions Usd. Le cas du M23 n'est qu'un exemple parmi tant d'autres groupes armés et milices qui alimentent différents circuits de commerce des ressources naturelles.

EXTIRPER LE MAL A PARTIR DE SES RACINES

Et ce sont toutes ces activités minières, illicites, qui entretiennent les conflits dans l'Est de la RDC. Il y a quelques années, le gouvernement avait fustigé le mal. Malheureusement, il n'est pas allé au-delà. Aujourd'hui, la déroute imposée aux troupes du M23 impose l'urgence d'extirper le mal à partir de ses racines. Le lien direct entre la guerre dans l'Est et l'exploitation illégale des ressources étant établi, il est temps de prendre le taureau par les cornes.

Après avoir nettoyé le front de l'Est, en créant la panique dans les rangs du M23, il faut maintenant démanteler ces réseaux qui, s'étendant de l'Est jusqu'à Kinshasa, se servent de la situation confuse de l'Est pour y développer le commerce illicite des ressources naturelles. La mise en commun des efforts pour démanteler ces réseaux mafieux devra se faire de manière coordonnée, efficace et efficiente au niveau de la Justice militaire et civile. Il faudra donc faire appel à la Justice militaire pour poursuivre les militaires. Même chose pour la Justice civile qui doit, de son côté, poursuivre les civils. La fin probable du M23 doit servir de déclic à une action de grande envergure pour en finir une fois pour toutes avec ce fléau.

##############################

40. [Congo] RD CONGO : vers un règlement définitif de la crise du Kivu ?

Corinne Sissi Les rebelles du M23 fuient devant l'avancée de l'armée congolaise, qui gagne du terrain jour après jour. Le Nord Kivu, cette riche région du nord-est de la République démocratique du Congo qui a
To congocongoculturesle politiqueRDC
Oct 30

Les rebelles du M23 fuient devant l'avancée de l'armée congolaise, qui gagne du terrain jour après jour. Le Nord Kivu, cette riche région du nord-est de la République démocratique du Congo qui attire la convoitise de pays voisins, au premier rang desquels le Rwanda ou l'Ouganda, réintègre la mère-patrie à mesure de l'avancée des soldats.

Des éléments du M23 pr-ès de Goma, capitale du Nord-Kivu. Photo : Gabe Joselow/Wikimedia Commons / cc

Cependant, la guerre n'est pas gagnée et la rébellion du M23 n'est qu'un élément de la crise du Kivu. Explications avec Gaspard-Hubert Lonsi Koko, essayiste et observateur des rapports Nord-Sud.

L'armée congolaise, appuyée par les forces de l'ONU, semble gagner de plus en plus de terrain face au M23. Peut-on déjà parler de déroute ?

<u>Gaspard-Hubert Lonsi Koko</u> : Il est plus prudent de ne pas vendre la peau de l'ours avant d'être sûr de l'avoir abattu.

Neutraliser les éléments du M23 est une chose. Stabiliser complètement la région du Kivu en est une autre. Le M23 étant l'émanation du Congrès national pour la défense du peuple (CNDP), rien ne garantit que sa décapitation ne va pas générer d'autres mouvements armés. Raison pour laquelle la victoire militaire sur ce groupe rebelle doit être accompagnée d'un accord de non-agression entre le Rwanda, l'Ouganda et la RD Congo – l'objectif est de pacifier pour longtemps la région des Grands Lacs.

Le chef de la Monusco, Martin Kobler, a également parlé de « la fin militaire du M23 ». Peut-on alors croire à la fin de la crise du Kivu ?

Gaspard-Hubert Lonsi Koko : La crise est tellement profonde qu'elle ne sera pas résolue par la simple neutralisation du M23. Le pillage des minerais et la volonté expansionniste sont les causes premières de la déstabilisation du Kivu. Il va falloir que les dirigeants rwandais et ougandais, ainsi que les puissances extracontinentales qui soutiennent les groupes armés sur le sol congolais puissent renoncer à leurs agendas cachés. Il va falloir aussi œuvrer en vue d'une réelle réconciliation entre les populations régionales pour que l'on puisse envisager sérieusement le réaménagement de la Communauté économique des pays des Grands Lacs (CEPGL).

Les pays observateurs de la RDC appellent au retour des négociations avec le M23. Pourtant, Kinshasa semble privilégier l'option militaire jusqu'à l'anéantissement de la rébellion. Pourquoi cet acharnement ?

<u>Gaspard-Hubert Lonsi Koko</u> : On ne peut pas mettre en cause la volonté de Kinshasa à trouver une solution pacifique à la dramatique situation en cours dans le Nord-Kivu. Par de nombreuses tergiversations, le M23 et ses parrains ont joué avec le feu. Fallait-il que ce feu s'abatte impitoyablement sur eux pour qu'ils deviennent raisonnables ? Certes, un enfant ne reconnaît les conséquences du feu qu'après s'être brûlé. Kinshasa est en droit de rétablir l'ordre dans le Kivu et d'assurer la défense de son territoire. S'il faut reprendre les pourparlers de Kampala, les discussions doivent se faire sur la base des lois congolaises violées par les éléments du M23, sur les soutiens apportés aux rebelles par le Rwanda et l'Ouganda et sur les poursuites des

auteurs des crimes de guerre et crimes contre l'Humanité.

Quelle est la position du Rwanda, unanimement accusé de soutenir le M23, face à cette déroute ?

<u>Gaspard-Hubert Lonsi Koko</u> : Pour voler au secours de ses poulains en pleine débandade, le Rwanda menace d'intervenir sur le sol congolais en cas de dégâts collatéraux. Pathétique réaction. Si le président Kagamé veut jouer à ce jeu, la guerre finira là où il a été planifié qu'elle s'achève, c'est-à-dire à Kigali. De plus, le peuple congolais est enfin déterminé à s'appuyer sur l'obstacle et non à s'ingénier sans cesse à le contourner.

Certains observateurs estiment qu'il faudrait désormais arrêter de nier que le M23 n'est pas sous la coupe du Rwanda et soutenir des négociations directement entre Kigali et Kinshasa. Qu'en pensez-vous ?

<u>Gaspard-Hubert Lonsi Koko</u> : Pour discuter directement avec le Rwanda, il fallait que Paul Kagamé abatte ses dernières cartes. Il ne pouvait le faire qu'à la suite de la neutralisation du M23. Le peuple congolais a toujours été non

belliqueux. Une initiative allant dans le sens de la pacification de la région des Grands Lacs ne peut qu'obtenir son aval. Encore faut-il que les dirigeants rwandais et burundais soient sincères. Quand on a été mordu par le serpent, on craint même le mille-pattes. C'est une question de confiance. Celle-ci ne se rétablira pas naturellement, du jour au lendemain. Il faut des vrais hommes et femmes d'Etat, du côté congolais et rwandais, pour éteindre le feu. Le bon sens voudrait que chacun mette un peu d'eau dans le vin de palme.

A quoi pourraient mener de telles négociations ?

<u>Gaspard-Hubert Lonsi Koko</u> : A éviter que les violations des droits fondamentaux de la personne humaine ne se reproduisent. A s'atteler à la pacification de la région des Grands Lacs. A consolider des accords de non-agression et à mettre en place des mécanismes pouvant sanctionner leur violation. A respecter l'intégrité territoriale et la souveraineté des pays de la région... A vivre en bonne intelligence et dans la compréhension mutuelle... A montrer au reste du monde que les êtres humains sont capables de transformes les problèmes en quelque chose de bien...

Propos recueillis par Sybille de Larocque pour JOL Press

41. congocitizen] BBC-Afrique : RDC: l'armée reprend Bunag (2)

Bin Mudia RDC: l'armée reprend Bunagana Dernière mise à jour: 30 octobre, 2013 - 13:11 GMT Des soldats FARDC célèbre la prise de Rutshuru, le 28 octobre 2013. Les Forces armées de la RDC ont poursuivi l

Oct 30

Bin Mudia RDC:

l'armée reprend Bunagana Dernière mise à jour: 30 octobre, 2013 - 13:11 GMT Des soldats FARDC célèbrent la prise de Rutshuru, le 28 octobre 2013. Les Forces armées de la RDC ont poursuivi le combat.

To congo@yahoogroupes.frlepolitiquecongordc@yahoogroupes.frcongo-uni@yahoogroupes.fr and 3 More...

Oct 30

DC: l'armée reprend Bunagana
Dernière mise à jour: 30 octobre, 2013 - 13:11 GMT

Des soldats FARDC célèbrent la prise de Rutshuru,
le 28 octobre 2013.

Les Forces armées de la RDC ont poursuivi leur
avancée dans l'est du pays, et ont repris aux
rebelles du M23 la localité de Bunagana, à la
frontière avec l'Ouganda, à 70 km de Goma au
Nord-Kivu.

Bunagana était la dernière place forte et le fief
politique des rebelles du M23.

L'armée congolaise a lancé mercredi une
importante offensive sur les dernières positions
encore tenues par le M23, Bunagana, Mbuzi et
Runyoni, près de la frontière entre la RDC et

l'Ouganda, avec comme objectif d'anéantir la rébellion du M23, vieille de 20 mois.

Un habitant de Bunagana a indiqué à la BBC que certains combattants du M23 avaient fui vers l'Ouganda.

Les Forces armées de la RDC ont infligés plusieurs revers aux rebelles du M23 depuis samedi, reprenant le contrôle de six localités, dont Rutshuru et Rumangabo, appuyés par les forces de l'ONU.

Un nombre important de chars de combats s'etait amassé mardi soir à Rutshuru.

Plusieurs dizaines de membres du M23 se sont rendus à la MONUSCO, a annoncé la force de l'ONU.

Sur le plan diplomatique, la rébellion a affirmé par la voix d'un de ses représentants à Kampala qu'elle espérait obtenir un accord de paix avec le gouvernement de Kinshasa dans les quarante-huit heures.

Bertrand Bisimwa, président politique du M23.

Bertrand Bisimwa, le président politique du groupe rebelle M23 dans l'est de la RDC, a fui la RDC en direction de l'Ouganda.

 Radio Okapi : Nord-Kivu : les FARDC prennent le contrôle de Bunagana publié il y a 3 heures, 27 minutes, | Denière mise à jour le 30 octobre, 2013 à 5:09 | sous Actualité, La Une, Nord Kivu, Sécurité. Mots clés: Bunagana, M23

Des militaires congolais en patrouille à Goma (Photo Monusco)

Voir dans Picasa

Des militaires congolais en patrouille à Goma (Photo Monusco)

Les militaires congolais ont pris le contrôle de Bunagana ce mercredi 30 octobre en début d'après-midi. Des témoins assurent que les FARDC ont conquis cette cité sans opposition des rebelles du M23 qui l'occupaient depuis une année. Bunagana, située à la frontière ougandaise, était considérée comme le fief politique de la rébellion.

L'armée congolaise a confirmé la reprise de cette cité sur twitter:

« Depuis un peu plus d'une heure, Bunagana est totalement sous notre contrôle. On a combattu depuis tôt ce matin. Les autres [les rebelles, NDLR] ont décroché et certains se sont repliés sur les collines de Mbuzi et Chanzu, d'autres sont partis en Ouganda, comme Bertrand Bisimwa », le président de la branche politique du M23, a déclaré à l'AFP Lambert Mende, porte-parole du gouvernement congolais.
Des sources dans la région rapportent que les combattants du M23 avaient déjà abandonné la cité avant l'arrivée des FARDC.
Dans la matinée, d'autres avaient révélé que le gros des troupes de la rébellion ainsi que les cadres politico-militaires du mouvement rebelle,

n'étaient plus visibles à Bunagana.

Les mêmes sources affirmaient que les rebelles avaient pris position dans les collines de Chanzu, Mbuzi et Runyonyi.

C'est sur ces collines que les FARDC ont lancé un nouvel assaut.

Plusieurs témoignages font état des détonations d'armes lourdes et légères entendues à partir de ces collines cet après-midi.

42. Congo] FARDC: homme et femme, meme combat, meme objectif- liberation de la patrie

Don Kayembe Don Kayembe www.lavdc.net Administrateur Gestionniare/Producteur Skype: lavdcongo Tel: +1 516874 2559 Portable: + 1 917 673 5483 On Saturday, October 5, 2013 11:34 AM, Don Kayembe <dmkayembe@yahoo.com To congocongo-kin-alternative@yahoogroups.comcongo-uni@yahoogroups.com and 6 More...
Oct 30

Don Kayembe
www.lavdc.net
Administrateur Gestionniare/Producteur

Skype: lavdcongo

Tel: +1 516874 2559

Portable: + 1 917 673 5483

43. [Congo] Re: [lecridesopprimes] Victoire totale sur le M23

Rachel Kapinga :

To lecridesopprimes@yahoogroupes.frAlex KUMcongo-kin-alternative@yahoogroupes.fr and 4 More...

Nov 6 at 8:38 AM

Joseph Kabila n'est pas un problème en RDC, mais le problème majeur que nous avons c'est la bande des opposants illusionnistes qui ne comprennent rien.

Mercredi 6 novembre 2013 13h15, Alex KUM <kumab2009@hotmail.com> a écrit :

La débandade de la soldatesque rwandaise à l'est ne signifie nullement que notre Congo est libéré, d'autant plus l'un des chefs du M23 (j'ai cité le dénommé "Joseph Kabila" de son vrai nom Hippolyte Kanambe) trône encore à la tête de nos Institutions, arc-bouté par les collabos traîtres avides de gain facile.
La RD-Congo décollera réellement le jour où nous nous débarraserons de Kanambe.

KUM

To: lecridesopprimes@yahoogroupes.fr
From: caskibulu@hotmail.com
Date: Tue, 5 Nov 2013 16:47:18 +0000

Subject: [lecridesopprimes] Victoire totale
sur le M23

44. RDC : le gouvernement annonce la "victoire totale" sur le M23

Des rebelles du M23 quittent leurs positions
dans le village de Karuba, le 30 novembre
2012. © AFP

Vingt heures après l'assaut final sur les
derniers bastions du Mouvement du 23-Mars
(M23) dans l'est de la RDC, le gouvernement
congolais a annoncé, mardi, avoir chassé
les rebelles de Tchanzu et Runyonyi, deux
collines de Rutshuru où ils s'étaient
retranchés. C'est la "victoire totale", selon
Kinshasa. Dans la foulée, le M23 a déclaré,
dans un communiqué, la fin de la rébellion.
Mis à jour le 05 novembre 2013 à 9 heures
48.
"Les derniers résidus du Mouvement du 23-
Mars (M23) viennent d'abandonner leurs
retranchements de Tshanzu et Runyonyi
sous la pression des [troupes
gouvernementales] qui viennent d'y entrer.
C'est la victoire totale de la RDC", a indiqué,
le 5 novembre vers vers 06 heure 20 (04h20
TU), Lambert Mende, ministre de la
Communication et porte-parole du
gouvernement congolais. Les derniers
rebelles ont "fui pour la plupart vers le
Rwanda" voisin, a-t-il ajouté.

"Runyoni et Chanzu sont tombées, on a fini le travail", a confirmé le lieutenant-colonel Olivier Amuli, porte-parole de l'armée dans le Nord Kivu, où se sont déroulés les combats. "Le M23 a pris la poudre d'escampette", a indiqué sous le couvert de l'anonymat un autre officier des Forces armées de la RDC (FARDC). "Ils ont brûlé 42 véhicules et leurs dépôts de munitions ; ils se sont dispersés dans tous les sens, chacun pour soi et Dieu pour tous. Les combats ont duré toute la nuit", a-t-il ajouté. Peu après l'annonce de la chute des derniers bastions rebelles. Bertrand Bisimwa, président de la branche politique du M23, a réagi sur son compte Twitter. "Exiger [du] M23 de donner une victoire militaire au [gouvernement comme] condition pour la signature de l'accord de paix relève du traditionnel populisme", a-t-il estimé. Comme une sorte d'aveu de la défaite militaire de son mouvement. Dans un communiqué publié quelques heures plus tard, le M23 a finalement annoncé qu'il mettait un terme à sa rébellion.

"Sultani Makenga a fui vers le Rwanda"
Depuis la prise, la semaine dernière, de leur fief et dernière place forte, Bunagana, à la frontière avec le Rwanda, les rebelles s'étaient retirés sur trois collines des environs, dans les montagnes aux confins du Rwanda et de l'Ouganda, à près de 2 000 mètres d'altitude : Mbuzi, Runyonyi et Tshanzu, d'où leur mouvement avait été lancé en avril 2012.
Mbuzi était tombée lundi à la mi-journée, et, dans l'après-midi, des éléments de la brigade d'intervention de la Mission des Nations unies pour la stabilisation de la RDC (Monusco) s'étaient joints aux force

gouvernementales pour pilonner au mortier les positions rebelles après la mort de six civils tués par des chutes d'obus sur Bunagana, située à 80 km au nord de Goma, la capitale du Nord-Kivu.
À Kabindi, sur la route à quelques kilomètres de Bunagana, deux journalistes de l'AFP ont croisé une jeep des FARDC dont les passagers chantaient en faisant des appels de phares. Selon le gouverneur du Nord-Kivu, Julien Paluku, le chef militaire des rebelles Sultani "Makenga a fui vers le Rwanda".

(Avec AFP)

Lire l'article sur Jeuneafrique.com : Crise dans le Kivu | RDC : le gouvernement annonce la "victoire totale" sur le M23 | Jeuneafrique.com - le premier site d'information et d'actualité sur l'Afrique

45. Congo] Re: [KIVU-AVENIR] RDC : le M23 veut exister politiquement après avoir été vaincu militairement.

Rachel Kapinga Jamais le gouvernement de la RDCongo n'acceptera de pactiser avec un mouvement rebelle qui que se soit même le M23. Le Mercredi 6 novembre 2013 13h54, François K Mulume <kmulume@hotmail.com> a éc

To kivu-avenir@yahoogroupes.frcongo-kin-alternative@yahoogroupes.frcongovirtuel@yahoogroupes.fr and 3 More...

Nov 6 at 9:06 AM

Jamais le gouvernement de la RDCongo n'acceptera de pactiser avec un mouvement rebelle qui que se soit même le M23.

Le Mercredi 6 novembre 2013 13h54, François K Mulume <kmulume@hotmail.com> a écrit :

RDC : le M23 veut
exister politiquement
après avoir été vaincu
militairement

Des combattants du M23, le 3 août dernier, près de Rushuru, dans l'est de la RDC.

REUTERS/James Akena

L'armée congolaise a obtenu, mardi
5 novembre, une victoire historique
en battant la rébellion du
Mouvement du 23 Mars (M23) dans
l'est de la République démocratique

du Congo (RDC). Après cette défaite sur terrain, le M23 se retrouve en position fragile. En déroute, il annonce avoir renoncé à la lutte armée et dit vouloir se transformer en parti politique. Le M23 espère toujours conclure un accord politique avec Kinshasa mais, pour le gouvernement congolais, cet accord n'est plus d'actualité.

Vaincu militairement, le M23 sera-t-il écrasé politiquement ? L'ex-mouvement rebelle, qui a renoncé mardi à la lutte armée et qui annonce vouloir devenir un mouvement politique, a cédé à toutes les exigences de Kinshasa. Cependant, le M23 veut - coûte que coûte - obtenir la signature, à Kampala, d'un accord politique traitant notamment des questions de démobilisation et d'amnistie de ses combattants.

Mais, pour Kinshasa, cet accord n'est plus d'actualité. Le gouvernement congolais annonce vouloir signer une simple déclaration et affirme déjà que son contenu sera très différent de ce qui a été discuté à Kampala. « *Nous sommes allés à Kampala pour écouter les griefs de nos compatriotes qui sont au M23. Ça ne leur donnait aucune légitimité. On ne peut pas, étant une force négative, signer des accords avec un gouvernement. Je pense que tous nos partenaires de la communauté internationale sont d'accord avec ce point de vue et c'est donc une simple déclaration qui sera signée, pas un accord* », a ainsi déclaré Lambert

Mende Omalanga, le porte-parole du gouvernement congolais.

« *Je dirais que le contenu de cette déclaration est différent des propositions que le M23 avait amenées sur la table et qui faisaient en quelque sorte de lui une sorte d'Etat dans cette partie de l'est de la RDC, chose que nous avons toujours refusée. Je pense que leur infortune sur le terrain militaire les a poussés à devenir un peu plus raisonnable, et c'est une bonne chose* », a conclu le porte-parole du gouvernement.

Le M23 va-t-il devoir boire le calice jusqu'à la lie ? Et si oui, quelles en seront les conséquences ? Les centaines de combattants qui se sont rendus à la Monusco (la force des Nations unies au Congo) seront-ils considérés, par Kinshasa, comme des prisonniers de guerre ou seront-ils démobilisés ? Quel sort pour les combattants en fuite ?

Autre question : qu'en sera-t-il des deux à trois cents combattants partis avec leur chef Sultani Makenga de l'autre côté de la frontière ? Si leur sort n'est pas réglé sur le papier, ne risquent-ils pas de constituer une menace à moyen terme ?

Et puis enfin, le vide laissé par le M23 ne va-t-il pas laisser libre champ aux rebelles hutu rwandais des FDLR (les Forces démocratiques de libération du Rwanda) ? Kinshasa a d'ores et déjà prévu cette éventualité en affirmant que les FDLR étaient désormais les prochaines cibles des forces congolaises.

Roger Lumbala, vice-président de la délégation du M23 à Kampala, joint par RFI, affirme que seul un accord politique permettra de régler définitivement la question de l'ex-mouvement rebelle du Nord-Kivu. L'aile politique du M23 attend de la communauté internationale qu'elle pousse Kinshasa à respecter ses engagements. « *La communauté internationale a sorti un communiqué aujourd'hui disant qu'il faut respecter les onze points qui étaient déjà adoptés* », a ainsi rappelé Roger Lumbala. Et d'affirmer : « *Si le gouvernement veut saboter les actions qui sont menées par la communauté internationale, c'est à la communauté internationale de juger le comportement du gouvernement de Kinshasa.* »

Pour lui, le M23 n'est pas mort. « *En fonction des articles qui ont été déjà adoptés, le M23 va se transformer en parti politique. Donc, la vie du M23 continue* », a encore assuré Roger Lumbala.

http://www.rfi.fr/afrique/20131105-rdc-m23-veut-exister-politiquement-apres-avoir-ete-vaincu-militairement-sultani-makenga-monusco-fdlr

Congo] Fwd: [lecridesopprimes]

POUR SALOMON VALAKA : HISTORIQUE SUR L´OFFENSIVE DES FARDC VU PAR UN CORRESPONDANT RWANDAIS.

**L. Weber MEMO POURTOUS LES CONGOLAIS,
TOUTES LES CONGOLAISES, TOUTES LES FEMMES,
FILLETTES ET JEUNES FILLES QUI ONT SOUFFERT
LES PLUS VILS MARTYRES, LES PIRES BASSESSES DE
L'ARMÉE CONGOLAISE FARDC !! (Et rép**

To
congo@yahoogroupes.frlecridesopprimes@yahoo
groupes.fr

Nov 6 at 10:00 AM

(Et réponse à M. Vununu):

1) Effectivement, l'armée ruandaise n'a pas obéi à
Kagame, à l'ordre d'interdiction des usa & co. à
Kagame de ne PLUS intervenir dans ce qui n'était
plus dans LEURS intérêts,

puisqu'ils avaient décidé de mettre fin aux guerres
qu'ils avaient incitées eux-mêmes pour faciliter les
échappements des minerais par les canaux
Ruanda-Ouganda mais, qui en fin de compte ne
s'avéraient PLUS RENTABLES pour l'exploitation,
car plus moyen d'excaver ou d'entreprendre quoi
que ce soit, à cause des attaques CONTINUES (je
répète: que London et Washington avaient EUX-
MÊMES provoquées).

2) Cette interdiction d'intervention, l'ordre de
retirade des usa & co. à Kagame et l'obligation
d'arrester les responsables désobéissants, lui a fait
perdre sa face devant les Ruandais et il ne sait plus
sur quel pied danser pour la récupérer. Ceci n'est
que son propre problème de marionnette des usa
& co.

3) Par ordre des usa & co, en vue du projet éventuel (s'il s'avérait impossible de concerter la paix par les pourparlers de Kampala) de devoir intervenir, les FARDC ont reçu pendant plusieurs mois leur salaire++ pour les motiver au combat, car il s'agissait de risquer par là le moins possible la vie des militaires de la MONUSCO, le bras droit des usa.

3) Les femmes Congolaises violées, massacrées, sont drôlement les premières à acclamer naïvement leurs ignobles bourreaux, alors que ces pauvres femmes et fillettes sont justement LES VICTIMES DES BARBARIES DES FARDC !!

Explication:

Les "mains invisibles" de toujours veulent que les FARDC récupèrent leur réputation de personnes de respect, pour pouvoir les réutiliser à l'avenir dans n'importe quelle rébellion -SANS L'INTERVENTION coûteuse de l'ONU, qui a beaucoup d'autres chats à fouetter-

Les FARDC espèrent de leur côté, en connaissance de cause, non seulement continuer à percevoir régulièrement leur salaire, mais aussi voir augmenter leurs revenus et le respect envers leur fonction.

Ergo: On ne peut qu'épouver un profond MÉPRIS pour ces FARDC,

[[que vous n'avez pas, les hommes, vous aussi, honte d'acclamer, alors qu'il est de votre devoir de PROTÉGER, DE DÉFENDRE VOS MÈRES, VOS ÉPOUSES ET FILLES]]

pour toutes ces souffrances ignobles, infinies qu'ils ont infligées pendant des années

Liliane Kongolo :

Von: Jean-Pierre Vununu <jpvununu@yahoo.de>
Datum: 6. November 2013 08:19:17 MEZ
An: "lecridesopprimes@yahoogroupes.fr"
<valaka100@hotmail.com>

Betreff: [lecridesopprimes] :

POUR SALOMON VALAKA : HISTORIQUE SUR L´OFFENSIVE DES FARDC VU PAR UN CORRESPONDANT RWANDAIS
Antwort an:
lecridesopprimes@yahoogroupes.fr,Jean-Pierre Vununu <jpvununu@yahoo.de>

Chers tous, (lisez l´historique en bas après mon intro.)

Qui a dit qu´il n´y a pas eu des combats parce que l´ordre était venu de quelque part ?

Oui, l´ordre peut venir de quelque part nous n´en disconvenons pas.

Toutefois, il faut reconnaître ce que nous avions toujours souligné, à savoir, les FARDC ne se battaient pas seulement avec des groupes factices rebelles mais bien avec les armées de deux pays, le Rwanda et l'Ouganda. La preuve de ce récit d'un correspondant Rwandais, corrobore avec notre soutien aux FARDC et à leur Commandant Suprême qui viennent de surprendre les positions ennemis à l'Est de notre pays, le conduisant ainsi, à une libération totale. Bravo.

Certes, Kagame peut avoir reçu l'ordre cette fois-ci de ne pas se mêler à la guerre de l'Est, pour autant, nous avons vu que le M23/FDF s'est battu fortement dans certains endroits, pour ainsi dire que c'était pas une reddition de leur part ou une promenade de santé du côté des FARDC puisque de deux côtés, on dénombre des victimes.

Pourquoi cet ordre venu de quelque part intimé à Kagame n'a pas été suivi par ses poulains au front ?

Qui ne savait pas que sans le Rwanda et l'Ouganda, le M23 ainsi que tous les groupes rebelles répertoriés à l'Est de la RDC n'étaient que des groupes des bandits "Kuluna" sans aucune force réelle pour tenir tête aux FARDC ?

Et, lorsqu'on nous rabâchait les oreilles sur la trahison de Kabila sur des prétendus ordres de repli de nos forces armées, nous pouvons lire le paragraphe ci-dessous contenu dans cet article:

" Mais tous les Rwandais ont vu le résultat, les forces de RDF/M23 ont été decimées par les FARDC, et l'intervention de Mary Robnison, Yoweri Museveni, Justine Greening et la communauté internationale a sauvé le RDF/M23; on a demandé aux

FARDC d,arrêter l'offensive contre les agresseurs. Kinshasa a été contraint d,aller à la table des négociations à Kampala, en dépit de ce cycle de guerre qui a été commencé par Paul Kagame."

Maintenant malgré la présence des éléments de l'armée Rwandaise comme l'ordre de ne plus fournir le renfort a été respecté, n'est-ce pas la même armée dont les Rwandais disaient qu'elle était incapable de tuer un rat les a défaits sur le terrain des combats ?

Patriotiquement votre

JP-Vununu

BONNE LECTURE !

46.

http://ikazeiwacu.unblog.fr/2013/11/05/la-lettre-du-nord-le-secret-d'Etat-la-chronique-de-la-guerre-du-congo-partie-3/

LA LETTRE DU NORD:

LE SECRETAIRE D'ETAT, LA CHRONIQUE DE LA GUERRE DU CONGO (PARTIE 3).
5 novembre 2013

Umutekano

Jawaharlal Nehru, le premier Premier ministre de l,Inde a dit que « Quand l,armée de l,agresseur lance continuellement des attaques d,humilier un ressortissant ou une société particulière, c,est une obligation des ressortissants de lutter par tous les moyens contre ses agresseurs. La lutte pour la liberté prend du temps mais les agresseurs sont toujours vaincus ».

☒ D'ETAT, LA CHRONIQUE DE LA GUERRE DU CONGO (PARTIE 3). dans Umutekano 1381761_736991646314349_1490745420_n" src="http://ikazeiwacu.unblog.fr/files/2013/11/1381761_736991646314349_1490745420_n.jpg" height="365" width="534">

Col Mamadou Ndala, le libérateur du Nord Kivu

Cette semaine passée, les Rwandais et la communauté internationale ont vu la défaite des agresseurs du M23/RDF. Les agresseurs de Paul Kagame ont été balayés par les combattants de la liberté de différentes régions du Congo. RDF/M23 a été bafouée par les vaillants FARDC, sous le commandement d, opérations du colonel Mamadou Moustafa Ndala, la récente défaite du RDF/M23 du dictateur Paul Kagame a laissé le stratège militaire dans la région choqué et étonné.

Ikaze Iwacu a pu contacter un officier supérieur au sein de l,armée ougandaise (UPDF), cet officier de la deuxième division basée à Mbarara a dit à Ikaze Iwacu que « la défaite du M23/RDF est difficile à croire, elle a été la défaite la plus rapide de l'histoire militaire car ils ont été écrasés dans les quatre jours. C,est fascinant de considérer que le territoire duquel ils se sont retirés est plus grand que le Rwanda lui-même ».

Cet officier supérieur de l,UPDF a continué de dire à Ikaze Iwacu que, « RDF/M23 avait déployé des bataillons des forces spéciales au Congo et ils étaient bien équipés avec des armes très sophistiquées, mais ils ont lamentablement été défaits. C,est un grand signe que le personnel du RDF n,est plus prêt à mourir pour Paul Kagame et ses intérêts ».

La lettre d,aujourd,hui va essayer d,analyser et d,expliquer les événements de l,historique de cette guerre jusqu'à la récente défaite de RDF/M23 du dictateur Paul Kagame au Congo.

L'historique

Après la défaite du RDF/M23, en août dernier, par les forces des FARDC, le dictateur Paul Kagame a ordonné à son commandant militaire de rester à Gisenyi (Rubavu) et faire un plan pour récupérer le territoire perdu et la ville principale de Goma qui a échappé aux offensives du RDF/M23. Pendant l,offensive d,août pour capturer Goma, lors d,une réunion militaire qui a eu lieu le 27 août 2013 au village Urugwiro, le dictateur Paul Kagame a ordonné au général Patrick Nyamvumba d,aller camper à

Rubavu, « je ne veux pas vous voir à Kigali avant que Goma ne tombe entre nos mains ».

Mais tous les Rwandais ont vu le résultat, les forces de RDF/M23 ont été decimées par les FARDC, et l,intervention de Mary Robnison, Yoweri Museveni, Justine Greening et la communauté internationale a sauvé le RDF/M23; on a demandé aux FARDC d,arrêter l'offensive contre les agresseurs.

47. [Congo] Tr : [hinterland1] LE MESSAGE DE FELICITATION DE Me MARIE THERESE NLANDU OU LE RÉVEIL DE LA GAZELLE

Sandra Bushiri :

To
mabatry@yahoo.frcongo@yahoogroupes.frhinterland1-owner@yahoogroupes.fr and 5 More...
Nov 6 at 10:12 AM

Le Mercredi 6 novembre 2013 15h51,

Prof. Gaspard MUGARUKA Bin-MUBIBI
<binmubibi@yahoo.com> a écrit :

LE RÉVEIL TARDIF DE LA GAZELLE...!
===============================

Marie-Thérèse NLANDU se réveille enfin du lourd sommeil qui a failli l'emporter! Elle ouvre grandement les yeux et constate que le train congolais arrive déjà à destination! Le Commandant de bord KABILA a klaxonné pour inviter la foule venue accueillir les heureux voyageurs, à se ranger afin de bien arroser la victoire de ces pèlerins de la longue marche pour la libération totale du Grand Congo!

Me NLANDU n'a que des larmes de crocodile à verser car elle a par ses maladresses, ses hésitations et rancœurs politiciennes, raté la chance de mériter le pardon de la communauté nationale pour les torts causés à notre peuple, avec ses roublardises aux côtés du Maréchal SESE SEKO!

Et maintenant que les événements de l'Est lui donnent l'occasion de réapparaître sur la scène politique et d'oser afficher cette mine grise haineuse pour " féliciter du bout des lèvres " à sa façon, les vaillants soldats des FARDC qui ont écrasé les M23 et leurs sbires de mille collines, elle reprend ses vociférations contre le Rais qu'elle est pourtant, incapable d'affronter et de vaincre politiquement!

Ses performances aux présidentielles passées, ne constituent-elles pas une raison de savoir ranger son fusil, de battre en retraite la queue entre les pattes et de continuer à vivre son rocambolesque exil économique ! C'est chiant de chercher des poux sur la tête d'un chauve et de se casser les méninges pour trouver des prétextes fallacieux devant justifier son séjour indélicat en Occident!

" Les jours déroutent le parcimonieux " dit la sagesse! Les jours passent tels les poils du mouton et l'on ne se rend pas compte qu'on avance en âge ! Le temps se prête pourtant à la bonne réflexion car on oublie souvent qu'on est mieux chez soi !

Le Rais a pardonné tous les enfants perdus ! Il est prêt à accueillir toutes les brebis égarées et même les pseudo-combattants, ces irréductibles marionnettes des opposants à la recherche des " scoops sensationnels " pour leur survie politique! Alors, on rentre ou on ne rentre pas au pays...!

La paix se gagne...!

Prof. MUGARUKA

Sent from my iPad

Le 5 Nov 2013 à 17:09, tryphon mabanza <mabatry@yahoo.fr> a écrit :

Ce 5 novembre 2013, les médias internationaux font état de la victoire des FARDC sur le M23. Cette victoire est confirmée par nos sources établies de Goma.

Ces hauts faits militaires sont une consolation pour nos populations en général, et de l'Est de la RDCongo en particulier.

48. Re: [Congo] Les terroristes du M23 défaits par les FARDC Pauvre Maman Kapi Mpoko ou Mpuku

Sandra Bushiri :

 Les terroristes du M23 défaits par les FARDC ont fini par retourner auprès de leurs mentors au Rwanda ! Kinshasa, 06/11/2013 / Politique La prédiction de feu M'Zee Laurent-Désiré Kabila selon laquelle « la guerrefinira d'où elle est venue. »

To Congo@yahoogroupes.frcongoelite@yahoogroupes.frLEPOLITIQUECONGORDC@yahoogroupes.fr and 4 More...

Nov 6 at 10:19 AM

Les terroristes du M23 défaits par les FARDC ont fini par retourner auprès de leurs mentors au Rwanda !
Kinshasa, 06/11/2013 / Politique

La prédiction de feu M'Zee Laurent-Désiré Kabila selon laquelle la guerre que les terroristes fabriqués et instigués par le régime de Kigali pour agresser la RDC retournera au Rwanda connaît un début de réalisation avec la fuite dans ce pays des iconoclastes défaits de ce mouvement et gare à la même retraite à laquelle les autres groupes armés rwandais seront prochainement contraintes

C'est mardi après d'intenses bombardements que les Fardc sont venues à bout d'une centaine des combattants du M23 retranchés sur la colline de Mbuzi. Les casques bleus qui ont vu les bombes des rebelles tuer des paisibles Congolais à Bunagana, ont décidé de s'associer aux Fardc pour protéger les civils.

Les rebelles coupés de tous les moyens de ravitaillement, ont vu leur principal dépôt de munitions touché de plein fouet par des bombes de la force aérienne congolaise et les hélicoptères de la Brigade d'intervention de la Monusco.

Ce camouflet a obligé les combattants du M23, pour ceux qui en restaient encore, de décrocher pour se refugier au Rwanda. Ainsi a sonné le glas de la guerre du M23.

Sans plus tarder, les Fardc ont mis le cap sur les autres groupes armés qui pullulent les forêts du Nord- Kivu et de la province Orientale. Ceux qui vont déposer les armes seront traités en conséquence sinon ils le seront contraints par la force.

Le dernier soupir du M23

Face à la défaite cuisante de ses hommes au front, le directoire du M23 réfugiés aussi au Rwanda, a confirmé avoir déposé les armes prétextant qu'il veut donner une dernière chance à une solution politique de Kampala.

Le médiateur ougandais des pourparlers de Kampala entre le gouvernement congolais et la rébellion du M23 devrait présenter un projet d'accord de paix depuis le 28 septembre dernier.

Mais les discussions entre les deux parties ont achoppé sur des questions liées à l'amnistie éventuelle des rebelles et à leur intégration dans l'armée. Alors que le gouvernement avait publié le 27 septembre une liste d'environ 80 noms de membres du M23 essentiellement d'anciens officiers de l'armée, qui ne seraient pas autorisés à réintégrer les Forces armées congolaises (FARDC).

Kinshasa a exclu toute possibilité d'amnistie pour les principaux dirigeants de la rébellion et tous ses  membres coupables de violations graves des droits de l'Homme.

Le M23 défait en 12 jours

La bataille décisive de l'armée congolaise a commencé le 24 octobre dernier quand il fallait déloger les quelques centaines de combattants du M23 retranchés dans les collines proches de Bunagana. Les combats étaient entrés « dans une phase finale ».

Mais déjà le vendredi 28 octobre, au petit matin, les hostilités avaient repris au sud de la ligne de front sur la colline de Kanvamahoro, à Kibumba ancien poste avancé avant la prise de Goma, en novembre 2012 à 25 km de Goma. Durant les mois précédents le M23 y avait considérablement renforcé ses positions. C'est donc là que les affrontements les plus intenses.

Dans le même temps, les FARDC, parfois assistées de la brigade d'intervention de la Mission des Nations unies en RDC; n'a lancé des offensives, plus au Nord, avec pour but d'encercler les éléments du Mouvement du 23 Mars.

L'armée congolaise s'est déployée sur deux axes : autour de Rumangabo (seule) et de Rutshuru (avec l'appui de la brigade d'intervention). En tout, trois fronts étaient ouverts. En quatre jours, le M23 est délogé de ses positions calées. Le 25 octobre, Kibumba tombe après d'intenses combats. Le 26, c'est au tour de Kiwanja et de Rutshuru d'être abandonnés par les rebelles. Le 27, Rumangabo, base militaire importante est reprise, puis Bunagana, mercredi.

Le Palmarès

49. PROCES DE jb Bemba

Procès de Jean-Pierre Bemba reprend mercredi 30 octobre à la Haye.

50. [Congo]

L'honneur du peuple congolais à été restauré (4)

Rachel Kapinga :

L'honneur du peuple congolais à été restauré, le M23 est maintenant une chose du passé, en seulement 10 jours, les FARDC ont complètement battu les M23, maintenant le drapeau congolais a été placé dans l'ensemble du territoire précédemment occupé par le M23.

Nov 6 at 8:11 AM

To congovirtuel@yahoogroupes.frcongo-kin-alternative@yahoogroupes.frCongo@yahoogroupes.fr and 2 More...
Nov 6 at 8:09 AM

Pascal Debré

To lecridesopprimes@yahoogroupes.frCongo@yahoogroupes.frcongoelite@yahoogroupes.fr and 3 More...
Nov 6 at 7:57 AM

C'est vraiment du délire. Tout le monde est déstabilisé par les succès des FARDC sous le commandement suprême de Kabila. ce sont des traitres qui n'ont jamais voulu du bien du Congo. Alliés au Rwanda - M23, ces gens, comme Nkasu, souhaitaient voir nos compatriotes de l'Est continuer à souffrir. Aujourd'hui les choses sont claires : la trapitrise tant clamée de Kabila est démentie par les réalités de terrain.

Les jaloux vont vraiment maigrir.
Le Mercredi 6 novembre 2013 13h00,
Alex KUM
<kumab2009@hotmail.com> a écrit :

La débandade de la soldatesque rwandaise à l'est ne signifie nullement que notre Congo est libéré, d'autant plus l'un des chefs du M23 (j'ai cité le dénommé "Joseph Kabila" de son vrai nom Hippolyte Kanambe) trône encore à la tête de nos Institutions, arc-bouté par les collabos traître avide de gain facile.
La RD-Congo décollera réellement le jour où nous nous débarraserons de Kanambe.

KUM

To: Congo@yahoogroupes.fr; Congo@yahoogroupes.fr; congoelite@yahoogroupes.fr; lecridesopprimes@yahoogroupes.fr; LEPOLITIQUECONGORDC@yahoogroupes.fr; kivu-avenir@yahoogroupes.fr
From: kapinga.rachel@yahoo.fr
Date: Wed, 6 Nov 2013 09:39:50 +0000
Subject: [lecridesopprimes] Re: [Congo] Mpoko ou Mpuku Kapinga wetwau: Le procès de Jean-Pierre Bemba à la CPI reprend avec l'audition de ses témoins

Comme la haine envers Kabila dépasse tout entendement, on cherche tous les moyens possibles pour le priver du succès de nos forces armées en oubliant que c´est lui, le Commandant suprême qui donne les moyens à nos vaillants FARDC.

Le Mardi 5 novembre 2013 18h32, Jean Derrick Mossi <mossisenior@yahoo.fr> a écrit :

Mon cher Mpuku,
Vous parlez de clairvoyance de votre rwandais.
Vous faites rire tout le monde, mon cher Mpuku.
Pourquoi n'a-t-il pas produit ces résultats que vous vantez aujourd'hui depuis des années?
N'oubliez pas que ce rwandais a tjrs eu la même armée.
Vous devez savoir qu'il est acculé, autrement le cul contre le mur, et ne peut plus trahir nos vaillants soldats.
Les résultats ne viennent pas de lui, mais des soldats Congolais.
Il ne s'est jamais pointé au front, pour les encourager.
La récupération est la seule chose que vous savez faire.
Mossi de la Patrie

Le Mardi 5 novembre 2013 16h04, Mossi J D <mossisenior@yahoo.fr> a écrit :

Le 5 nov. 2013 à 15:20,

El Du Jardin <dujardinel@ymail.com> a écrit :

Ngayi na yebi ye te, et puis tokoki ko pekisa mwana mboka moko te soki azali kokumisa to kolinga Mboka na biso mpe Mokonzi na yango.

51. Congo] Re: [CongoElite]

Kampala : pas d'accord entre Kinshasa et le M23 mais une déclaration.

Claudia Girl :

To
CongoElite@yahoogroupes.frudpsmultimedia@ya
hoo.comlecridesopprimes@yahoogroupes.fr and
18 More...

Nov 6 at 11:19 AM

**Le Mercredi 6 novembre 2013 16h08, Nico
Kadima <bakambu@gmail.com> a écrit :**

Bien sûr!

Kampala, pas d'accord entre Kinshasa et le M23 mais une
déclaration, selon Mende

publié il y a 5 heures, 7 minutes, | Denière
mise à jour le 6 novembre, 2013 à 12:49 |
sous Actualité, Nord
Kivu, Politique, Sécurité. Mots
clés: accord, FARDC, Kampala, M23

**Lambert Mende, Ministre de l'Information,
Communications et Médias lors d'une
Conférence de Presse à Kinshasa, le 03/01/2012.
Radio Okapi/Ph. Aimé-NZINGA**

**Aucun accord ne sera signé entre le
gouvernement congolais et la rébellion du
M23 à Kampala (Ouganda) mais plutôt une
déclaration devant conclure les pourparlers,
a prévenu Lambert Mende, porte-parole du
gouvernement.**

Nicok
*"Or, le Seigneur c'est l'Esprit; et là où est
l'Esprit du Seigneur, là est la liberté" II
corinthiens 3:17*

52. hinterland1]

DÉROUTE DU M23 : LA MAIN INVISIBLE DE LONDRES ET WASHINGTON

Sandra Bushiri :

Cela prouve que l'option diplomatie prime dans tous les conflits qui rongent les pays. Vient par la suite l'option politique et enfin, l'option militaire. Ce n'est pas pour rien Joseph Kabila a ainsi

Nov 6 at 4:00 AM

To hinterland1-owner@yahoogroupes.fryahooyahoo and 15 More...

Nov 6 at 11:07 AM

http://www.rfi.fr/afrique/20131106-apres-defaite-militaire-m23-monusco-va-s-prendre-autres-groupes-armes

...

La victoire des Fardc fait des jaloux qui cherchent à l'expliquer autrement. Mais qu'en dit la RFI? Honte aux jaloux!

Qui dit mieux??

Abdallah Wafy :

représentant du secrétaire général de l'ONU en charge des opérations dans l'est du Congo, numéro 2 de la Monusco, revient sur cette implication que beaucoup considèrent comme décisive.
RFI : Peut-on dire que l'appui militaire de la Monusco et de la Brigade d'intervention a été décisif dans la défaite du M23 ?

Abdallah Wafy : Cette victoire des FARDC [les Forces armées de la République démocratique du Congo, ndlr] sur le M23 est une victoire de l'armée congolaise et il ne faut pas les priver de leur succès. Je voudrais simplement me réjouir de l'appui et du soutien que nous avons apporté aux FARDC. Mais cette victoire reste et demeure une histoire des FARDC.

Samy BOSONGO

Le Mardi 5 novembre 2013 17h31, Awazi Kasele <awazikasele@yahoo.fr> a écrit :

LU POUR VOUS.

A.K.

DÉROUTE DU M23 : LA MAIN INVISIBLE DE LONDRES ET WASHINGTON

Publié le mardi 5 novembre 2013 06:08

Écrit par Le Potentiel

La facilité avec laquelle les Forces armées de la RDC ont défait les rebelles du M23 a suscité des interrogations dans certains milieux. Avec un peu de recul, l'on sait maintenant ce qui s'est réellement passé sur le front de l'Est. La déroute du M23 est le fait d'une forte pression diplomatique exercée particulièrement sur le Rwanda, principal soutien du M23. Et la pression a été telle que les chefs de la diplomatie américaine et britannique ont personnellement intimé l'ordre au président rwandais, Paul Kagame, de ne pas venir en renfort au M23. C'est la preuve qu'une nouvelle dynamique s'installe désormais dans la région des Grands Lacs.

En moins d'une semaine, les Forces armées de la RDC, appuyées par les éléments de la Brigade spéciale d'intervention des Nations unies, ont délogé les rebelles du M23 des positions stratégiques qu'ils occupaient dans les territoires passés sous leur contrôle depuis plus d'une année. Et la déroute du M23 s'est déroulée à la vitesse éclair que, dans les milieux spécialisés, certains se sont interrogés sur les causes réelles de cette débâcle. Pour un mouvement rebelle qui a résisté pendant longtemps à plusieurs assauts des FARDC, il y avait de quoi se poser des questions.

Aujourd'hui, la vérité commence timidement à éclore. L'on sait, à quelques exceptions près, ce qui s'est réellement passé il y a une semaine sur le front militaire de l'Est. Et l'on sait aussi pourquoi le Rwanda qui se préparait ouvertement à la guerre entassant des matériels à la frontière de la RDC, n'est pas intervenu dans la dernière offensive menée par les FARDC et la Brigade spéciale des Nations unies.

En réalité, un ordre est venu directement des Etats-Unis et de Grande-Bretagne intimant l'ordre au président rwandais, Paul Kagame, de se mettre en dehors de ce conflit. Ce qui explique le silence de Kigali et son inaction face à la déroute du M23.

La nouvelle dynamique

Ces révélations sont du journal britannique, Daily Telegraph. Selon ce tabloïd, le chef de la diplomatie américaine, John Kerry, et son homologue britannique, William Hague, ont eu Kagame au téléphone séparément dans la journée du vendredi 25 octobre 2013, lui intimant l'ordre de ne pas mettre ses troupes en mouvement pour venir en renfort au M23. D'après le journal, William Hague, ministre britannique des Affaires étrangères, a été le premier à appeler Paul Kagame, suivi dans la journée par John Kerry, secrétaire d'Etat américain.

Ce n'est donc pas pour rien que le Rwanda est resté passif dans la nouvelle offensive menée contre les rebelles. De tout temps, des actions antérieures lancées contre les positions du M23 se sont butées à une forte présence des militaires de l'armée rwandaise dans les rangs du M23. Cette fois-ci, il n'en a pas été le cas. La raison est bien simple : la main invisible de Londres et Washington a agi. Ce qui, évidemment, ne dénature pas la bravoure des FARDC qui se sont courageusement battues pour récupérer les territoires occupés par le M23.

Les révélations de Daily Telegraph traduisent seulement un fait. En effet, la donne a complètement changé. La politique menée particulièrement par la Grande-Bretagne et les Etats-Unis a connu une mue, donnant moins de marges de manœuvre au président rwandais, Paul Kagame. Ainsi, nous l'avons repris dans une précédente édition, Barack Obama, président des Etats-Unis, a pesé de tout son poids dans ce basculement.

Mais, pourquoi avoir entendu trop longtemps pour changer de politique dans la région des Grands Lacs ? Fallait-il autant de morts, soit plus de six millions, pour que Londres et Washington se ravisent ? Autant de questions qui n'en finissent pas de tarauder les esprits. Mais, le plus important est que Londres et Washington ont fini par comprendre les vrais enjeux de la région.

En obligeant Kagame à se mettre en dehors de l'offensive menée contre le M23, ces deux capitales ont lancé un message que Paul Kagame devait saisir à juste titre. Il y va non seulement de sa survie en tant que dirigeant de la région, mais surtout de son régime qui traverse manifestement une zone de très fortes turbulences.

Les FARDC ratissent large

Sur le front de l'Est, les nouvelles sont plutôt rassurantes. Plusieurs sources confirment que l'armée congolaise a pris hier lundi la colline de Mbuzi, l'une des dernières positions où se sont retranchés les rebelles du M23.

Pris en tenaille, le M23 a décrété dimanche un cessez-le-feu unilatéral qui, malheureusement, n'a pas eu d'effet sur l'avancée des FARDC. Dans un communiqué diffusé lundi (lire encadré), le ministre de la Communication et porte-parole du gouvernement, Lambert Mende, a exigé que le M23 fasse «une annonce claire, nette et sans ambiguïté de la fin la rébellion armée».

De leur côté, face à la «nouvelle explosion de violence entre le M23 et l'Etat congolais», les envoyés spéciaux de la communauté internationale pour la région des Grands Lacs, chef de la Mission de l'ONU pour la stabilisation de la RDC (Monusco), Martin Kobler, de Mary Robinson, envoyée spéciale de l'ONU pour les Grands Lacs, et de ses homologues de l'Union africaine, Boubacar Diarra, de l'Union européenne, Koen Vervaeke et du gouvernement américain, Russel Feingold, ont réitéré leur appel à l'apaisement, alors que s'ouvrait hier lundi à Pretoria, rapporte l'AFP, un sommet régional africain consacré à la situation en RDC.

Dans tous les cas, la main invisible des Etats-Unis et de la Grande-Bretagne dans le retournement de la situation est un message en direction des dirigeants de la région des Grands Lacs. Car, après avoir longtemps soutenu l'entreprise de guerre dans la région, Londres et Washington ont décidé finalement de recadrer leur politique étrangère dans la région. La population qui continue de payer le plus lourd tribut attend maintenant les juger par les actes pour se convaincre de leur sincérité.

yvon ramazani Ah, le potentiel, la caisse de résonance et le caisson de grave de l'opposition en perdition et séditieuse! Le Mercredi 6 novembre 2013 17h07, Claudia Girl <claudiagirl3@yahoo.fr> a écrit : http://

To Claudia Girlhinterland1-owner@yahoogroupes.fryahoo and 19 More...

Nov 6 at 11:17 AM

Ah, le potentiel, la caisse de résonance et le caisson de grave de l'opposition en perdition et séditieuse!

Show message history
Le Mercredi 6 novembre 2013 17h07, Claudia Girl <claudiagirl3@yahoo.fr> a écrit :

http://www.rfi.fr/afrique/20131106-apres-defaite-militaire-m23-monusco-va-s-prendre-autres-groupes-armes

et demeure une histoire des FARDC.

53. [Congo] Le Chef de l'Etat a regagné le pays mardi par Lubumbashi.

Sandra Bushiri:

To
Congo@yahoogroupes.frcongocitizen@yahoogroups.cacongoelite@yahoogroupes.fr and 7 More...

Nov 6 at 11:21 AM

Le Chef de l'Etat a regagné le pays mardi par Lubumbashi au retour du sommet mixte SADC-CIRGL de Pretoria

Kinshasa, 06/11/2013 / Politique

Le président Joseph Kabila est revenu mardi du sommet mixte SADC-GIRGL de Pretoria qui a fait le point du suivi de la mise en œuvre de l'Accord-cadre d'Addis-Abeba sur la RDC au regard de la défaite militaire constatée des terroristes du M23 pour se donner à partir de Lubumbashi cette fois le temps de se consacrer sur les autres dossiers strictement internes de l'heure

Joseph Kabila Kabange
Président de la RDC

Photo Congoplanete.com

Le Président Joseph Kabila Kabange est rentré mardi au pays par la ville de Lubumbashi, au Katanga, venant de Pretoria en Afrique du Sud où il a pris part, lundi au Sommet conjoint des Chefs d'Etat et de Gouvernement de la Communauté de développement de l'Afrique australe (SADC) et de la Conférence internationale sur la région des Grands lacs (CIRGL), sur la mise en oeuvre de l'Accord cadre pour la paix, la sécurité et la coopération pour la République démocratique du Congo et la région.

ACP/La République

54. [Congo] RD Congo :

Une victoire militaire à confirmer diplomatiquement

Corinne Sissi:

To congocongoculturesle politiqueRDC

Nov 6 at 12:49 PM

Par la voix de Lambert Mende, ministre de la Communication et porte-parole du gouvernement, le pouvoir en place à Kinshasa a annoncé que « les derniers résidus du M23 [venaient] d'abandonner leurs retranchements de Chanzu et Runyonyi sous la pression des [FARDC] ». Une « victoire totale de la République Démocratique du Congo », aux dires de Lambert Mende, confirmée par le lieutenant-colonel Olivier Hamuli, porte-parole de l'armée nationale congolaise pour la province du Nord-Kivu. Des éléments de la brigade d'intervention de la Mission de l'Organisation des Nations unies pour la stabilisation en République Démocratique du Congo (Monusco) se sont joints aux forces gouvernementales pour neutraliser les positions rebelles, après la mort de six civils tués par des chutes d'obus sur la vielle de Bunagana. Le chef militaire des rebelles, Sultani Makenga, aurait fui vers le Rwanda où de nombreux rebelles ont également trouvé refuge, ainsi qu'en Ouganda.

Soutenues logistiquement par les casques bleus de la Monusco, les Forces armées de la République démocratique du Congo (FARDC) ont repris depuis le 25 octobre 2013, au terme d'une offensive foudroyante, la totalité du territoire qu'occupaient les éléments du M23 pendant dix-huit mois. En quatre jours, les villes de Kibumba, de Kiwanja, de Rutshuru et de Rumangabo, les bastions de la rébellion, ont été récupérées par l'armée gouvernementale. La victoire des FARDC sur les poulains du Rwanda et de l'Ouganda, comme a claironné Lambert Mende ? Pas si évident.

La cessation des combats et la dissolution du M23

Le président des rebelles du M23, Bertrand Bisimwa, a ordonné le 3 novembre dernier à tous ses combattants de cesser dans l'immédiat les hostilités avec l'armée congolaise, laquelle avait pris sérieusement le dessus sur les champs de bataille. En référence aux négociations en cours à Kampala, il a prétendu agir de la sorte « pour permettre la poursuite du processus politique». Après la débandade d'au moins 300 rebelles qui se sont retranchés sur les collines de Mbuzi, de Chanzu et de Runyonyi – à environ 80 km au nord de Goma, la capitale du Nord-Kivu –, Bertrand Bisimwa a dans la foulée publié une déclaration de « fin de rébellion » en annonçant l'intention du M23 de « poursuivre, par des moyens purement politiques, la recherche des solutions aux causes profondes qui ont présidé à sa création ». Ainsi a-t-il appelé le chef d'état-major et les commandants des grandes unités du M23 de « préparer les hommes des troupes au processus de désarmement, de démobilisation et de réinsertion sociale dont les modalités [seraient] à convenir avec le gouvernement [congolais] ».

Le respect de la souveraineté territoriale congolaise

Très curieusement, un appel aux rebelles congolais du M23 a été lancé le 5 novembre à Pretoria par les pays africains voisins de la République Démocratique du Congo pour qu'ils renoncent à la rébellion afin de permettre la signature rapide d'un accord de paix. Pourquoi une telle précipitation, sachant que lesdits Etats se sont toujours montrés moins pressés quand le M23 avait, sur le terrain, l'avantage sur l'armée loyaliste ? Veut-on à tout prix façonner l'argile pendant qu'elle est encore humide, dans l'optique d'amnistier les rebelles et de les réintroduire dans les institutions étatiques pour mieux finaliser la politique d'infiltration ? Espère-t-on en réalité obtenir diplomatiquement ce qui vient d'être perdu par les armes ?

On ne peut agir cyniquement, comme si rien de dramatique ne s'est passé dans le Nord-Kivu. Il est inhumain de passer par pertes et profits les 10 millions de morts congolais. On ne peut pas continuer à cautionner l'impunité en faveur des groupes rebelles. Agir de la sorte consiste à fermer les yeux sur les crimes de guerre et crimes contre l'Humanité commis en République Démocratique du Congo. Le problème n'est pas tant d'accepter « publiquement » l'annonce du démantèlement de la rébellion pour permettre la signature d'un « accord final », mais de faire respecter la souveraineté territoriale congolaise par le Rwanda et l'Ouganda. Quelques préalables doivent être absolument respectés.

Les conditions en vue d'une paix durable

En tout cas, un « accord formel » ne vaudra rien tant qu'aucune garantie ne sera apportée par le Rwanda et l'Ouganda quant au respect de différents accords de non-agression et à la non-assistance aux forces négatives. Trois facteurs sont décisifs en vue de l'entente cordiale dans la région des Grands Lacs.

Primo, seule la condamnation officielle des parrains du M23 garantira la souveraineté de la République Démocratique du Congo. Secundo, tant qu'aucun mécanisme de suivi des accords déjà ratifiés n'est habilité à sanctionner les signataires fautifs, d'autres rébellions risquent de voir le jour non pas forcément dans la région du Nord-Kivu, où les forces onusiennes sont présentes, mais dans d'autres provinces comme le Katanga. Tertio, il est impossible d'envisager le réaménagement de la Communauté économique des pays des Grands Lacs (CEPGL) tant que les peuples rwandais, burundais et congolais ne se réconcilieront pas. Cela ne sera pas envisageable tant que la République Démocratique du Congo n'aura ni fait son deuil, ni réformé totalement son système défensif.

Face aux rebelles du M23, le gouvernement congolais doit désormais se comporter en vainqueur. Sa magnanimité, s'il en faut, ne doit en rien hypothéquer l'avenir d'un peuple qui, depuis 1997, n'a cessé de vivre un calvaire. Kinshasa doit donc imposer sa volonté aux vaincus, et mettre le Rwanda et l'Ouganda dans l'obligation de ne plus s'ingérer dans ses affaires intérieures. Telles sont les conditions sine que non en vue d'une paix durable dans la région des Grands Lacs africains. De toute évidence, au risque de retourner à la case départ, la victoire militaire des FARDC doit être confirmée par le gouvernement congolais sur le plan diplomatique.

Gaspard-Hubert Lonsi Koko

[Congo] Radio Okapi :

RDC: des diplomates « RDC: des diplomates «étonnés» par la quantité de munitions du M23 découvertes à Chanzu publié il y a 1 heure, 26 minutes, | Denière mise à jour le 8 novembre, 2013 à 7:19 | Le gouverneur du

Nov 8

François K Mulume

[Congo] SURPRISE : Cache d'armes découverte au quartier général de Makenga a CHANZU: plus de trois cents tonnes de caisses de munitions Julien Paluku, Gouverneur du Nord Kivu a été ce mercredi 06 novembre

Nov 8

Kuelo Florent

Kasongo Mwanasapo

[Congo]

La Voix de l'Amérique actualités / afrique-centrale RDC : *"Mon armée va vous surprendre"* **affirme le général François Olenga On ne l'avait pas entendu s'exprimer depuis sa sortie fracassante.**

Nov 6

Bin, L.

[congocitizen]

 Faute de balkanisation, le pays sous tutelle onusienne ? 2 KABILA, les KABILISTES, FANTOMAS = LES ALKARIS AU SERVICE DE LONDRES ET DE WASHINGTON. Liliane Kongolo Von: Nico Kadima <bakambu@gmail.com> Datum: 6. November 2013 22:42:08 MEZ An: "lecridesopprimes@y

Nov 6

Albert Mujanyi

[congocitizen]

 [Bof ! Autour du déguerpissement du M23 DÉROUTE DU M23 : LA MAIN INVISIBLE DE LONDRES ET WASHINGTON Publié le mardi 5 novembre 2013 06:08 Écrit par Le Potentiel La facilité avec laquelle les Forces armées de la RDC ont défait les rebe

Nov 6

Rachel Kapinga

[Congo] Re: [KIVU-AVENIR] RDC :

le M23 veut exister politiquement après avoir été vaincu mais, Jamais le gouvernement de la RDCongo n'acceptera de pactiser avec un mouvement rebelle qui que se soit même le M23. Le Mercredi 6 novembre 2013 13h54, François K Mulume <kmulume@hotmail.com> a éc

Nov 6

Rachel Kapinga

(Congo) Re: [lecridesopprimes] :

Victoire totale sur le M23 Joseph Kabila n'est pas un problème en RDC, mais le problème majeur que nous avons c'est la bande des opposants illusionnistes qui ne comprennent rien. Le Mercredi 6 novembre 2013 13h15, Alex KUM <ku

Nov 6

Don Kayembe

[Congo] FARDC:

homme et femme, meme combat, meme objectif-liberation de la patrie Don Kayembe www.lavdc.net Administrateur Gestionniare/Producteur Skype: lavdcongo Tel: +1 516874 2559 Portable: + 1 917 673 5483 On Saturday, October 5, 2013 11:34 AM, Don Kayembe <dmkayembe@yahoo.com

Oct 30

Bin Mudia

[congocitizen] BBC-Afrique : RDC:

L'armée reprend Bunag 2 RDC: l'armée reprend Bunagana Dernière mise à jour: 30 octobre, 2013 - 13:11 GMT Des soldats FARDC célèbre la prise de Rutshuru, le 28 octobre 2013. Les Forces armées de la RDC ont poursuivi l

Oct 30

Corinne Sissi

[Congo] RD CONGO:

Vers un règlement définitif de la crise du Kivu ? Les rebelles du M23 fuient devant l'avancée de l'armée congolaise, qui gagne du terrain jour après jour. Le Nord Kivu, cette riche région du nord-est de la République démocratique du Congo qui a

Oct 30

Guy De Boeck

(CongoForum) 2 30/10/13/ REVUE DE LA PRESSE CONGOLAISE DE CE MERCREDI (CongoForum)

L'actualité est dominée par la visite de travail qu'effectue en RDC le président sud-africain Jacob Gedleyihlekisa Zuma. Son

Oct 30

Claudia Girl

[Congo] Re:

Après avoir défait le M23: démanteler les réseaux maffieux à Kinshasa Lu pour vous! Ainsi dit, qui va encore accuser le Chef de l'Etat de n'importe quoi? Toute la matière est ici donnée pour répondre aux question que les uns et les autres se posent. Maintenant on con

Oct 30

NDEKA BOKA

FW: [congocitizen] RDC:

L'armée poursuit son son avancée dans l'Est face au M23, Date: Mon, 28 Oct 2013 20:54:50 -0400 To: kivu-avenir@yahoogroupes.

Oct 28

From: bndeka@hotmail.com

To: gbizib@gmail.com Subject: FW: [congocitizen]

RDC: l'armée poursuit SON OFFENSIVE VICTORIEUSE.

G. Lutonadio

[Congo]

Les images des FARDC au front.

Toboyi ba replis strategique ya pamba pamba de la part ya Kabila.   La carte des lieux où se déroulent les batailles pour la réhabilitation de l'intégrité, de l'honneur.

Oct 28

Claudia Girl

[Congo] Re: COMBIEN COUTENT LES NEGOCIATIONS DE KAMPALA A L'ETAT CONGOLAIS ?

Que vise Maïndo avec cette intox qu'il se plaît à renvoyer mille et une fois comme si c'était lma clé de voûte pour entrer au ciel? Sinon à décourager les Fardc sur les lignes de front alors q

Oct 21

Bin Mudia

[congocitizen] RE:

VOICI L'ÉQUIPE DU GOUVERNEMENT DE TRANSIT :

Ya solo, peuple aponi bino. Kie kie kie...congolais po na pouvoir aza unique na mokili. Ah nzabe tosala yo nini? Bin*** Date: Fri, 11 Oct 2013 21:30:29 +0100 From: mbelorobert@yahoo.fr Subject: VOICI

Oct 11

Jacques Matanda

[Congocitizen]

COMMUNICATION DE L'ORGANISATION HUMANITAIRE STOP CONGO GENOCIDE

Madame, Monsieur, A l'occasion de la tenue de la 68 eme Assemblée générale de l'Organisation des Nations-Unies,-

l'Organisation humanitaire « Stop Congo Genocide » se fait le devoir humanitaire.

Sep 30

Bin Mudia

RE: [congocitizen]

L'ex-gouverneur Mansangu pointe les contre Pascal, Tu n'es vraiment pas serieux et cela a tous les egars. Tu insultes les kabilistes à longueur de

journee, c'est bon. Mais pourquoi tu n'insultes pas Kamerhe? Meme quand il etait patron de l'Assablee Nationale.

Sep 27

Kiloka ngoié roland

[congocitizen]

Kamerhe fait d'une rumeur une affaire d'Etat ! Avec son sempiternel problème d'orientation et de fixation Kamerhe fait d'une rumeur une affaire d'Etat ! Emanant du "Coordonnateur" non autrement identifié, un communiqué de presse avec en-tête "

Sep 24

Fsddc

[Congo]

SCANDALEUSE PARODIE DE JUSTICE A LA COUR SUPREME CE 16/09/2013 AU PROCES POLITIQUE D' EUGENE DIOMI [youtube=http://www.youtube.com/watch?v=SOHJzMULhNw] SCANDALEUSE PARODIE DE JUSTICE A LA COUR SUPREME CE

16/09/2013 AU PROCES POLITIQUE D' EUGENE DIOMI NDONGALA Prévue à 09h00, l'audience n'a eu lieu que tard dand la soiree.

Sep 16

Sandra Bushiri

[Congo]

La RDC dénonce la mobilisation de l'armée rwandaise à la frontière entre Goma et La RDC dénonce la mobilisation de l'armée rwandaise à la frontière entre Goma et Gisenyi Kinshasa, 16/09/2013 / Politique Un incident s'est produit dimanche 15 septembre à la frontière entre

Sep 16

INFO APARECO

[Congo] Fwd: FLASH/ RDC:

«KABILA» a encore floué toute la classe politique congolaise à Kampala ! www.info-apareco.com «KABILA» a encore floué toute la classe politique congolaise à Kampala ! En signant la reprise des pourparlers avec le M23, «Joseph Kabila» a définitivement vidé les «con

Sep 6

Generation Revoltee

NOUVELLE RENCONTRE DES KONGOLAIS DES ETATS DE NEW-ENGLAND A BOSTON

CHERS COMPATRIOTES KONGOLAIS, AU TERME DE LA CONFERENCE SUR LES CONCERTATIONS NATIONALES ORGANISEES LE SAMEDI 31 AOUT 2013 PAR LA GENERATION ''R'', LES PARTICIPANTS AVAIENT DECIDE D'AVOIR UN

Sep 4

Congo Vision

[Congo]

Des Rwandais se battant au Congo : http://www.youtube.com/watch?v=g3b3XU5T95c &feature=youtu.be

Aug 15

Toussaint Nguembe

[congocitizen]

Kengo convoite le fauteuil présidentiel au point de ne pas mourir l'âme en paix.

Le roi des Belges, roi souverain du Congo?

Par Anicet Mobet

(Express Yourself),

Publié le 05/08/2013 à 12:37 Le Congo a connu des relations tumultueuses avec la Belgique. Le chercheur Anicet Mobe

Aug 8

Bebe Yeniwa

Fw: UN PROF FAIT DES REVELATIONS "

BOSHAB EST UN ☐TRICHEUR. IL NE MERITE PAS LE TITRE D -----

Forwarded Message ----- From: Bebe Yeniwa <byeniwa@yahoo.com> To: "congocitizen@yahoogroups.ca" <congocitizen@yahoogroups.ca>; "congocitizen@yahoogroups.ca" <congocitizen@yahoogroups.ca> Sent: S

Jul 14

G. Lutonadio

[Congocitizen] RÉVISION DE L'ARTICLE 220 :

BOB KABAMBA FIXE L'OPINION

(If faut s'occuper plus RÉVISION DE L'ARTICLE 220 : BOB KABAMBA FIXE L'OPINION CATEGORY:

A LA UNE Published on Saturday, 06 July 2013 09:50Written

by F.K.Hits: 443 : Débat scientifique sur la Constitution Politologue, ens

Jul 7

Odimba .Marcus

[Congo]

Alex KUM

RE: Tr. : [congocitizen]

Heure de vérité à l□'UDPS ALBERT :

« Personne n'a le monopole de la direction des affaires en RDC, surtout quand on s'est toujours montré nul et incapable de relever un seul moindre défi. »

KUM To: congocitizen@yahoogroups.ca From: jeremiekado@yahoo.fr Date: Fri, 26 Apr 2013 13:47:12 +010

Apr 26

Kasalobi Kasalobi

[Congo] 1+1+1---- From: jzpalmares@gmail.com

Date: Tue, 2 Apr 2013 20:41:32 -0400

Subject: [kasaiwetu-list] ----Mémo de lUNC à Zuma :

Kamerhe propose le Régime 1+1+1

Le Phare de mercredi 3 avril 2013

Monsieur le rwandais Kamhere n'est qu'un opposant...

Apr 2

Jeremie Kado

Re: [congocitizen]

Résolution du Conseil de Sécurité:

" Mieux vaut tard que jamais", Conseil de sécurité â Est de la Rdc LE M-23 AUX ABOIS, IL VOIT SES JOURS COMPTES Makenga du M23 Conseil de sécurité â Est de la Rdc LE M-23 AUX ABOIS, IL VOIT SES JOURS COMPTES La nouvelle du vote de la brigade dâintervention.

Apr 2

SKAM Jean-Luc

Re: [Congo] CORR:

Compte-rendu de la réunion du Conseil des Gouveneurs à Kananga du 18-1 I. Abordant le point relatif a l'execution des recommandations de la deuxieme session, une convergence des vues sâest degagee entre le Gouvernement central et les Provinces.

Mar 20

Bin Mudia

[Congocitizen] Jeune Afrique :

RDC : Étienne Tshisekedi RDC :

Étienne Tshisekedi, un roi sans royaume
19/03/2013 à 11h:22

Par Trésor Kibangula,

Envoyé spécial Étienne Tshisekedi, après l'annonce de sa défaite à la présidentielle, novembre 2011.

© AFP Entêté, isolé, mais encore populaire, Étienne.

Mar 19

Congo Vision

[Congo]

Accord-cadre pour la paix, la sécurité et la coopération pour la République démocratique du Congo et la region.

.http://www.congovision.com/nouvelles2/Accord cadre2013.pdf

Feb 24

Kadari Mwene-Kabyana

[Congocitizen]

Moïse Katumbi ou la tentation du pouvoir (La Libre Belgique) Katumbi ou la tentation du pouvoir Karin Tshidimba La Libre Belgique, mis en ligne le 23/01/2013 Thierry Michel filme lâhomme le plus populaire du Congo. Festival Ã Biarritz VoilÃ un film qui va faire parler de lui, de Kinshasa Ã Bruxelles. P

Feb 23

Awazi Kasele

[congocitizen]

L'Opposition en colère Ils sont davantage unis, ils affichaient complet et manifestaient leur dÃ©termination Ã aller beaucoup plus loin. Ce sont les principaux groupes parlementaires de l'opposition notamment les FAC, MLC et alliÃ©s ainsi que UNC et alliÃ©s.

Feb 7

afriquenouvelle@bluewin.ch

[Congo] Mais qui a tué Katumba Mwanke ? Mais qui a tué Katumba Mwanke ? Katumba Mwanke a-t-il été assassiné et placé ensuite dans son propre avion pour simuler l'accident dans lequel il est « officiellement » mort ? Que sont devenus les Congolais qui étaient avec lui dans l'avion lor

Feb 3

UDPS USA

FW: HRW World Report 2013 - DRC Chapter
Snippet unavailable

Jan 31

Maya ANGALISHO

Re: [Congo] Re: [GTDS_cd]

"Kabila" veut tuer tous les Baluba du Kasaî-Oriental? Ongenda ongenda bayaya baleli bilili mpo esala ba ma plaisir! On ne change pas un systÃ¨me du jour au lendemain! Bilili kaka na esprit ya bien tomona yaya mokomboso ya Kasai chez batetela De : ONGENDA Willy Delors <ongenda_wl@yahoo.fr> Ã : "GTDS_cd@ya

Jan 25

Philippe

[Congocitizen] Tr : [GTDS_cd]

Y a-il eu un Traité de Nice impliquant ya Tshitshi pour l'île Mate ----- Mail transfÃ©rÃ© ----- De : "GTDS_cd-owner@yahoogroupes.fr" <GTDS_cd-owner@yahoogroupes.fr> Ã : GTDS_cd@yahoogroupes.fr EnvoyÃ© le : Dimanche 13 janvier 2013 5h32 Objet : [GTDS_cd]

Y a-il eu un Traité de Nice impliquant ya Tshitshi pour l

Jan 12

Toussaint Nguembe

Fwd: [congocitizen] 2013 :

 RAPPEL DU DANGER, VIEUX MAIS TOUJOURS PRÉSENT, QUI GUETTE NOTRE PAYS, LA ---------- Message transféré ---------- De : Philippe < philippekabeya@yahoo.fr> Date : 4 janvier 2013 19:30 Objet : [congocitizen] 2013 : RAPPEL DU DANGER, VIEUX MAIS TOUJOURS PRÉSENT, QUI GUETTE NOTRE PAYS, LA RDC. À : GTDS_cd < gtds_cd@yahoogrou

Jan 4

 Robert Mbelo

[congocitizen] A PROPOS DE NEGOCIATION DE BRAZZAVILLE AVEC LE M23 Chers compatriotes congolais, Les hommes politiques congolais vont aller " négocier" avec le M23, tout en oubliant que eux-mêmes ont voté cette loi qui absout les criminels tueurs-tutsi-rwandais de tous les crimes commis a l'Est du Congo. Le M23 n

12/31/12

Augustin KABUYA

[Congo] MESSAGE A LA NATION DE PRESIDENT ELU DE LA RD CONG Dr ETIENNE TSHISEKEDI Mesdames, Messieurs Le Département de Communication, Information et Mobilisation de lâUnion pour la Démocratie et le Progrès Social UDPS en sigle, met a votre disposition lâintégralité de Discours du chef de lâEtat Congolais D

12/31/12

ONGENDA Willy Delors

[congocitizen] Mr CHUMA, l'heure est grâve, "kabila" n'est pas digne d'être considerer. Chacun d'entre nous, sur cette terre, dispose du potentiel nécessaire pour s'affranchir des états mentaux qui entretiennent la jalousie, engendrent nos souffrances et celles des autres. Oui, dans les échanges, certains intervenants à l'instar de CHUMA

12/30/12

Millsap, Richard E, elie, Me

DRC 8 --- On Fri, 12/28/12, elie mundendi <eliemundendi@yahoo.com> wrote: From: elie mundendi <eliemundendi@yahoo.com> Subject: Re: DRC To: "smuyamina@comcast.net" <smuyamina@comcast.net> Cc: "Richard E Millsap" <millsap@uta.edu>, <mangalambangu@yahoo.com>

12/28/12

Adelbert, Me

Fw: [congocitizen] Tr :

Martin Fayulu, Prof Kalele, Fabrice Puela des FAC declarent dans un point de presse :

" C'est Kabila, le probleme"

2 HELLO! LU POUR VOUS. PAPA --- On Fri, 12/28/12,

Adelbert Kabuya <adelbertkabuya@yahoo.fr> wrote: From: Adelbert Kabuya <adelbertkabuya@yahoo.fr> Subject: [congocitizen] Tr : Martin Fayulu, Prof Kalele,

Fabrice Puela des FAC declarent dans un point de presse

" C'est Kabila, le probleme.»

12/28/12

freddy.mulongo@reveil-fm.com

[Congocitizen] :Pasteur Théodore Ngoy proclamé Docteur en droit à l'Université de Kinshasa.

Bonjour, Pasteur Théodore Ngoy proclamé Docteur en droit à l'Université de Kinshasa !

 http://reveil-fm.com/index.php/2012/12/28/3121-pasteur-theodore-ngoy-proclame-docteur-en-droit-de-l-universite-de-kinshasa Merci.

12/28/12

 Charles Kapanga

FW: [debout_congolais1]

Tout ce que l'homme sème, il le moissonnera Snippet unavailable

01/31/07

 [lecridesopprimes]

 Faute de balkanisation, le pays sous tutelle onusienne ? (2)

Bin Mudia Et Kamerhe ton patron laisse faire? Pourquoi fait-il deja sa campagne electorale à l'etranger? Boni bozoba boye ! Tout compte fait les jaloux vont maigrir. Bin*** To: congo-uni@yahoogroups.com; congoc

Nov 6 at 4:17 PM

Reply, Reply All or Forward | More

L. Weber KABILA, les KABILISTES, FANTOMAS = LES ALKARIS AU SERVICE DE LONDRES ET DE WASHINGTON. Liliane Kongolo Von: Nico Kadima <bakambu@gmail.com> Datum: 6. November 2013 22:42:08 MEZ An: "lecridesopprimes@y

To

congo@yahoogroupes.frlecridesopprimes@yahoo groupes.fr

Nov 6 at 5:01 PM

KABILA, les KABILISTES, FANTOMAS.

LES ALKARIS AU SERVICE DE LONDRES ET DE WASHINGTON.

Liliane Kongolo

Von: Nico Kadima <bakambu@gmail.com> Datum: 6. November 2013 22:42:08 MEZ An: "lecridesopprimes@yahoogroupes.fr" <lecridesopprimes@yahoogroupes.fr>,

Encore une nouveauté inventée. Monsieur vous plongez de plus en plus dans la médiocrité. Et c'est vraiment décevant.

Nicok

2013/11/6 **Awazi Kasele <awazikasele@yahoo.fr>**

Si nous disions qu'en RD Congo, c'est Martin Kobler qui joue au Président de la République ?

Sa posture, à travers l'interview, ci-dessous, n'est pas sans rappeler le Kosovo sous tutelle des Nations-Unis.

Le Kosovo avait, hier, son Bernard Kouchner, la RD Congo est en passe d'avoir, dans prochains jours, si pas déjà, son Martin Kobler en RD Congo. Voici mes raisons.

C'est lui (Martin Kobler) qui s'entretien et encourage le Gouverneur de Province. C'est encore lui, Martin Klober, qui promet de tout mettre en oeuvre pour désarmer les forces négatives. Il instruit : "Je crois que c'est maintenant très très important de restaurer l'autorité de l'Etat (qui manquait ?), d'avoir un exécutif (la police et la l'armée) dans les territoires libérés. D'avoir aussi des éléments judicaires mais également les services de base : la santé, l'éducation (planification, programme gouvernemental) C'est très important d'avoir l'Etat des droits et des minerais qui doivent être exploités avec légalité (...)Nous devons tous ensemble mettre fin à la guerre afin que tout le monde en RDC jouisse des richesses naturelles. (Véritables chantiers pour ce Chef de l'exécutif).

Sa tournée (du Chef de l'Etat) lui a permis de s'enquérir des besoins de la population, il rassure : "C'est très important que la population pense que la paix se constitue et la guerre est finie, on rentre dans la vie normale".

Il entame une nouvelle visite d' évaluation dans la région, libérée :

"Je vais me déplacer demain à Goma pour voir si c'est possible d'avoir des projets de réintégration. C'est très important que la population pense que la paix se constitue et la guerre est finie, on rentre dans la vie normale."

Pour dissiper tout doute sur sa qualité du Chef de tutelle (qui ne dit pas son nom),

1) il rappelle une de ses décisions:

"J'ai toujours dis que maintenant c'est la fin de la cohabitation avec les autres groupes armés (FDLR, ADF Nalu…) C'est très important de les combattre. Ça doit être la fin des groupes armés y compris les FDLR. Ce n'est pas seulement la brigade d'intervention mais ce sont aussi les autres".

2) Il rétablit le dialogue, il a le soutien (qui fait défaut à Joseph Kibila) , la population locale jure désormais par son nom:

" J'étais, il y a une semaine à Kiwanja et Rutshuru, après la retraite du M23. J'ai vu les yeux heureux de la population. Un petit garçon avec sa sœur m'ont approché avant notre retour à Goma. Je lui ai demandé: tu as eu peur ? Et il m'a répondu naturellement, ce sont des tirs des obus et j'avais peur. Et il m'a dit : « Dites-moi, quand l'école commencera le lundi ou le mardi ?

Observons

La Kabilie qui n'arrête pas d'exulter en s'attribuant la paternité de la victoire sur le M23 ne reviendra à elle quand, trop tard, elle réalisera que leur RAÏS a été réduit aux fonctions de KAPITA ou commandant second.

Ne croyons pas qu'Obama et ses alliés ont sacrifié leur amitié avec Paul Kagame pour nos beaux yeux, à titre gracieux, "gratis pro deo "

ça va la tête ou quoi ?

"Nous n'avons pas d'amis, nous n'avons que d'intérêts", ont toujours proclamé ces capitalistes. Ô Karl Marx, mon ami !

Ces intérêts, plutôt que d'être gérés par Joseph Kabila, impopulaire dans le pays, la gestion sera confiée à l'homme qui nous tient ce discours de véritable autorité du pays en l'occurrence Martin Kobler.

"ookio, " mboka ezongi na maboko ya mindele, Kabila atekisi yango, bino bokowela na interneti pamba !

Awazi Kasele

Le Mercredi 6 novembre 2013 16h28, **Kikombo Ngoy <kingoy@gmail.com> a écrit :**

Martin Kobler : « Nous devons mettre fin à la guerre afin que tout le monde en RDC jouisse des richesses naturelles »

Publié il y a 7 heures, 57 minutes, | Denière mise à jour le 6 novembre, 2013 à 10:46 |

> Martin Köbler, représentant spécial du secrétaire général de l'Onu pour la RDC le 28/08/2013 à Kinshasa, lors de la conférence de presse au quartier général de la Monusco. Radio Okapi/Ph. John Bompengo

Le représentant spécial du secrétaire général de l'ONU en RDC est satisfait de la déclaration du M23 de mettre un terme à sa rébellion. Martin Kobler affirme que la Monusco va engager toute sa force militaire pour désarmer les autres forces négatives, y compris les ADF-NALU et les FDLR. Par ailleurs, la Monusco va coopérer avec le gouvernement congolais pour restaurer l'autorit=

 Paris, le 13 avril 2007
Secrétariat général de la FCE

Fenêtre de la Fédération des Congolais de lEtranger [FCE] sur le Web, Congo@yahoogroupes.fr est le plus grand forum des Congolais sur le Net. Toutefois, les informations diffusées sur ce forum relèvent de la responsabilité individuelle ou collective de leurs auteurs ; elles nengagent nullement la FCE.

Pour plus dautres informations complémentaires sur ce mouvement fédérateur des Congolais de l'étranger, visiter notre vitrine officielle sur le web : http://www.f-ce.com

55. [Congo]

"Mon armée va vous surprendre" affirme le général François Olenga

Kasongo Mwanasapo La Voix de l'Amérique actualités / afrique-centrale RDC : "Mon armée va vous surprendre" affirme le général François Olenga On ne l'avait pas entendu s'exprimer depuis sa sortie fracassante de M

To opprimes opprimescocomrdu@yahoogroups.comcongo-uni@yahoogroups.com and 5 More...

Nov 6 at 5:22 PM

La Voix de l'Amérique

RDC : "Mon armée va vous surprendre" affirme le général François Olenga

On ne l'avait pas entendu s'exprimer depuis sa sortie fracassante de Minova. Le général François Olenga sort de son silence. Entretien exclusif du chef d'état-major de l'armée de terre congolaise avec notre envoyé spécial Nicolas Pinault.

Le Général François Olenga

Taille du texte- +

15.02.2013

Trois mois après la prise de Goma, quelle est la situation sur le terrain ?

François Olenga : "La situation est calme malgré les renforcements du M23. Nous espérons qu'après Kampala, la situation restera stable."

Quelle est votre analyse de ce qui se passe dans l'est de la RDC ?

François Olenga : "Je n'ai pas à analyser. J'ai à défendre Goma et le Nord-Kivu. Il n'y a pas d'analyse à faire, c'est la guerre. Ni Kampala, ni New-York, ne pourront terminer cette guerre. Donc, nous les militaires, nous nous préparons pour défendre la République Démocratique du Congo et la bataille de Goma sera dure pour le M23 et le Rwanda."

Vous souvenez-vous de votre arrivée sur le terrain en novembre 2012, entre Saké et Minova ?

François Olenga : "La situation était très confuse. La première chose à laquelle j'ai pensé, c'est de fusiller tous les traîtres de la patrie. On ne peut pas défendre la patrie avec des traîtres. Y en avait beaucoup et il y en a encore."

Les forces armées congolaises (FARDC) sont souvent critiquées. Qu'en pensez-vous ?

François Olenga : "Notre armée a beaucoup souffert de l'embargo imposée. Les Rwandais, les Ougandais et les Burundais sont venus envahir le Congo. A l'époque, ils n'étaient pas sous embargo. Ils se sont même battus à Kisangani et n'ont jamais été condamnés. Aujourd'hui, il n'y a plus d'embargo et vous allez voir comment mon armée va réagir pour défendre la patrie."

En cas d'accord à Kampala, on pourrait voir une réintégration des éléments du M23 comme à l'époque du CNDP. Quel est votre avis sur cette question ?

François Olenga : "Il faut poser cette question aux politiciens. On ne peut pas intégrer la plupart de ces gens-là, c'est la troisième ou quatrième fois. Apres avoir tué leurs collègues, violé nos enfants, nos femmes nos mères, il faudrait les intégrer ? Apres avoir pillé nos richesses et pillé Goma, il faudrait les intégrer ?"

Pourquoi y a-t-il une telle instabilité dans la région depuis vingt ans ?

François Olenga : "Il y aura de l'instabilité aussi longtemps que les pays voisins l'alimentent. Mais mon armée va vous surprendre. La défense de Goma et du Nord-Kivu va vous surprendre."

Votre prédécesseur, le Général Gabriel "Tango Four" Amisi a été suspendu à la suite d'allégations sur sa participation à un trafic d'armes. Aujourd'hui, quelle est sa situation ?

François Olenga : "Ce sont des accusations qui doivent être prouvées. Une commission d'enquête a été constituée, nous attendons ses conclusions. Alors, il sera réhabilite ou transféré à la justice militaire."

Vous qui le connaissez, vous y croyez ?

François Olenga : "C'est difficile mais moi je

sais qu'Amisi ne peut pas donner des armes aux rebelles."

Propos recueillis par Nicolas Pinault

56. [Congocitizen]

« J'AI DÉCOUPÉ LUMUMBA »

Antoine lokongo [CULTURE]

« JAI DECOUPE LUMUMBA Â»

http://negronews.fr/2013/04/04/culture

jai-decoupe-lumumba/ [CULTURE] Â« JâAI DÃCOUPÃ LUMUMBA Â»

Posted by NegroNews in CULTURE, - On avril 4, 2013

To congocitizen@yahoogroups.caJoseph Yav K.maindo gabriel and 97 More...

Apr 5

[CULTURE] « J'AI DÉCOUPÉ LUMUMBA » http://negronews.fr/2013/04/04/culture-jai-decoupe-lumumba/

[CULTURE] « J'AI DÉCOUPÉ LUMUMBA » Posted by NegroNews in CULTURE, - On avril 4, 2013

«J'ai découpé et dissous dans l'acide le corps de Lumumba . En pleine nuit africaine, nous avons commencé par nous saouler pour avoir du courage. On a écarté les corps. Le plus dur fut de les découper en morceaux, à la tronçonneuse, avant d'y verser de l'acide. Il n'en restait presque plus rien, seules quelques dents. Et l'odeur ! Je me suis lavé trois fois et je me sentais toujours sale comme un barbare». Ces mots sont ceux du Gérard Soete, prononcés le 15 mai 2002, quarante ans après la disparition du leader congolais Patrice Lumumba.

congocitizen] Cet article de la presse locale montre p…

Albert Mujanyi
 Surfacturation des travaux de réhabilitation et construction des routes en RDC - Contrats chinois : un audit réclamé Mercredi, 27 Février 2013 A travers cette démarche, la Licoco interpelle le gouvernement, le parquet général de la République et le
To Kivu SafariMarie-France
Croscccmontreal@yahoo.fr and 6 More...
Feb 27

Surfacturation des travaux de réhabilitation et construction des routes en RDC - Contrats chinois : un audit réclamé

Mercredi, 27 Février 2013

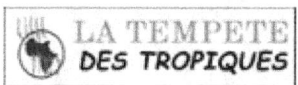

57. [congocitizen] LE KATANGA CONFIE A LA TANZANIE

**Yves Kongolo LE KATANGA CONFIE A LA
TANZANIE Plainte Contre Joseph Kabila et
Matata Ponyo pour Haute Trahison La signature
de lâaccord de Paix a Ã©tÃ© signÃ© sans les
amendements, par consÃ©quent : Nous
DÃ©putÃ©s nationaux et SÃ©nateurs de la
RÃ©pu**
To
lecridesopprimes@yahoogroupes.frlelushois@ya
hoo.frle-potentiel@yahoo.cd and 23 More...
Feb 24

LE KATANGA CONFIE A LA TANZANIE

**Plainte Contre Joseph Kabila et Matata
Ponyo pour Haute Trahison**

**La signature de l'accord de Paix a été signé
sans les amendements, par conséquent :**

**Nous Députés nationaux et Sénateurs de la
République Démocratique du Congo
originaires du Katanga ;**

**Exigeons des poursuites judiciaires à
l'encontre des Messieurs Joseph kabila et
Matata Ponyo.**

Fw: [Congo] Gabriel Kyungu dit non au découpage territorial (2)

**Antonion Rusagara RentrÃ©e politique trÃ¨s
remarquÃ©e Ã Lubumbashi : Gabriel Kyungu dit
non au dÃ©coupage territorial Le leader de
lâUnafec propose, par ailleurs, le dialogue intra
provincial on le savait tribun hors pair. On le savait
aussi frondeur. Ce quâ**

Feb 4

congocitizen] Kinshasa cède une partie de la RDC
au M23 (Le Potentiel)

G. Lutonadio Kinshasa cÃ¨de une partie de la RDC au M23 Editorial Le Potentiel â Kinshasa 12 janvier 2013 Entre Kinshasa et le M23, câest de nouvelles noces. Le groupe armÃ© pro-rwandais aurait obtenu, des pourparlers de Kampala, une partie du territoire

To

congovirtuel@yahoogroupes.frmbongwana@hotmail.comrolainmena and 82 More...

Jan 12

Kinshasa cède une partie de la RDC au M23

Entre Kinshasa et le M23, c'est de nouvelles noces. Le groupe armé pro-rwandais aurait obtenu, des pourparlers de Kampala, une partie du territoire de la RDC, en plus de postes ministériels. C'est la presse ougandaise qui fait état de ce deal en échange d'un retour de la paix dans l'Est du pays. Ceci pourrait expliquer cela, notamment le fait que le M23 ait fait volte-face dernièrement après avoir décrété unilatéralement un cessez-le-feu auquel Kinshasa s'était opposé farouchement

Editorial

Le Potentiel – Kinshasa

12 janvier 2013

58. (Congocitizen) Tr

:

80 eme Anniversaire de President Elu de la RD C0NGO Dr ETIENNE TSHISEKEDI

Philippe ----- Mail transfÃ©rÃ© ----- De : Augustin KABUYA <augustokab@yahoo.fr> Ã : EnvoyÃ© le : Dimanche 23 dÃ©cembre 2012 0h47 Objet : 80 eme Anniversaire de President Elu de la RD C0NGO Dr ETIENNE TSHISEKEDI Mesdames, Messieurs Son Excellence Ãtie
To GTDS_cd
Dec 23, 2012

----- Mail transféré -----
De : Augustin KABUYA
<augustokab@yahoo.fr>
À :
Envoyé le : Dimanche 23 décembre 2012 0h47
Objet : 80 eme Anniversaire de President Elu de la RD C0NGO Dr ETIENNE TSHISEKEDI

Mesdames, Messieurs
Son Excellence Étienne TSHISEKEDI WA MULUMBA Président Élu de la RD CONGO a célébré ses 80 ans d'âge ce samedi 22 décembre 2012.
Suivant le professeur Abbé MUKUNA, officiant principal de l'eucharistie célébré à l'église St DOMINIQUE de limete, voici les secrets de cette grâce et de sa réussite : AMOUR – L'ESPRIT D'OUVERTURE même à l'égard de ceux qui le baissent le sens argus de la justice Une Union conjugale solide avec l'épouse de sa jeunesse Maman Marthe une vie pieuse.
Veuillez trouver quelques photos de l'anniversaire dans les pièces jointes
Augustin KABUYA
Secrétaire du Parti Adjoint au Département de Communication, Information et Mobilisation
00243 999981499
00243 815088028

59.congocitizen]

UDPS : la « Commission Electorale Permanante.

Agostinho Babi UDPS : la « Commission Electorale Permanente » neutralisée Vendredi, 09 Novembre 2012 11:15 6 Commentaires Envoyer Le président de lUnion pour la Démocratie et le Progrès Social (UDPS). Vu les statuts du parti tels que modifiés et complétés à c

To
congocitizen@yahoogroups.calecridesopprimes@yahoogroupes.fr

Nov 10, 2012

UDPS : la « Commission Electorale
Permanente » neutralisée
Vendredi, 09 Novembre 2012 11:15

6 Commentaires

 Envoyer

Le président de l'Union pour la Démocratie et le Progrès Social (UDPS). Vu les statuts du parti tels que modifiés et complétés à ce jour, spécialement en leurs articles 19,22,23,50,51,52,53,54, 55 et 58 ; Vu le règlement intérieur du parti tel que modifié et complété à ce jour, spécialement en ses articles 32, 33, 34 et 35.
Déterminé d'assurer l'assainissement des organes du parti;
Vu l'urgence et la nécessité

DECIDE :

Article 1: Sont rapportées dans toutes leurs dispositions les décisions ci-après :
1) Décision n°033/UDPS/ PP/011 du 15 avril 2011 portant nomination des membres de la commission électorale permanente du parti « CEP » ;
2) Décision n°33bis/UDPS/PP/011 du 15 avril 2011 réajustant complétant
La décision n°033/UDPS/PP/011, du 15 avril 2011, portant nomination des membres des la commission électorale permanente du Parti;
3) Décision n°074/UDPS/PP/011 du 06 octobre 2011, portant nomination des membres des

commissions électorales locales du parti «CELP » ;

Article 2: Sont abrogées toutes les dispositions antérieures contraires à la présente décision; Article 3 : le Secrétaire général du parti est chargé pour l'exécution de la présente décision qui entre en vigueur à la date de sa signature.

Fait à Kinshasa, le 25 octobre 2012
Président Etienne Tshisekedi wa Mulumba

Conclusion

En guise de conclusion, on peut voir que le Kongolais n'a pas encore atteint une maturité dans ses actions et raisonnements. Cependant, je remercie tous ceux qui ont pris leur courage afin de dire ou d'ecrire quelque chose sur leur beau Pays, le Kongo.

Beaucoup écrivent pour qu'on dise que 'quelqu'un a écrit,' mais sans toutes fois faire savoir ce qu'on a écrit. Très peu se disent journalistes, mais n'arrivent pas à promouvoir la Neutralité et l'historicité journalistique qui font qu'un journaliste écrit pour la Société et non pour lui. Beaucoup sont des apprentis politiciens qui tiennent à faire entendre leur voix, en se disant journaliste.

Très peu se font comprendre, mais beaucoup sont encore loin de le faire par manque des connaissances inhérentes à la compréhension de la matière qu'ils prétendent communiquer.

Les Kongolais en général, ont toujours le même défaut laissé par les belges, un proverbe dit : *»Dis-moi qui tu hantes, je te dirai qui tu es ! »* Ce défaut consiste à injurier sans raison, avec la facilité qu'ils semblent se donner parce qu'on est Congolais.

On manque beaucoup de respect dans les écrits et dans les lectures. Il y en a qui sont incapables de comprendre ce qu'on a écrit, ils répondent par les injures et par le manque de courtoise ; comme pour dire que celui qui a écrit n'a pas le droit d'écrire, alors que le droit d'écrire appartient à tout le monde.

Nous manquons aussi une presse engagée, qui peut nous écrire des choses selon leur doctrine, qui annoncerait des principes et des théories nécessaires pour des générations futures. Notre presse est toujours contre ceux qui peuvent aider le Pays ou les aider à se développer. On critique facilement des dirigeants Kongolais et on loue des dirigeants étrangers qui ne font qu'exploiter et piller nos pays. ; Alors que, vu de l'Etranger, aucun journal ne loue un dirigeant africain ou asiatique. Nos écrivains ignorent que les écrivains étrangers ne font rien que guetter ce qui peut les attirer à sommer ceux qui ne sont pas de leurs. L'exemple de la Chine en dit beaucoup. Hier le Pays maudit, aujourd'hui eldorado économique pour l'Humanité. Tout le monde va en Chine pour acheter et emprunter. Les presses locales ne disent rien, elles n'osent pas maudire ce qui avaient hier juré et dit des abominations sur la Chine. Tout ca au vu et au su des écrivains Kongolais.

Notre presse doit être Progressiste, nous aider à aller en avant avec des écrits qui nous avancent et non ceux qui nous reculent à mille ans derrière. Nos Historiens doivent nous aider à placer nos écrits dans le temps et espace afin d'aider le pays et le peuple à avancer. Ne pas dire des choses anti historiques comme ce Mr. Qui a écrit *« Si le Roi des Belges Philipe, est aussi le Roi du Kongo ? »*

 Sans interroger l'Histoire Il y en a qui ignorent que le Roi Léopold II était Président de l'Association *« Etat Indépendant du Congo, EIC, mais non le Roi du Congo. » en se laissant aller et duper par la politicaillerie belge.*

Quand on prend sa plume, il faut penser à ce qu'on va écrire ; penser aux sciences qui éduquent ou instruisent sur cette matière ; penser aussi à la compréhension de ceux qui vont lire, et aux conséquences de ses écrits ; surtout n'est pas ignorer le Pays et son Autorité à la matière qu'on va écrire. Autrement dit penser aux lois et règlements qui gouvernent la matière envisagée ; cela veut dire penser aux intérêts du Pays, car les lois et règlements servent les intérêts du Pays et non des individus. Si un écrit risque d'aller en contradiction avec les intérêts du Pays, pour les intérêts des individus, autant s'abstenir qu'écrire pour ne pas se tirer la foudre et des inconnues inutiles.

Si une presse a besoin de défendre certains intérêts, elle doit se définir ainsi, tout en s'attendant aux ripostes et contradictions.

Cella va faciliter aux uns et aux autres d'être à mesure d'être compris par ceux qui lisent et ceux qui observent, car le Monde n'appartient pas au Kongo seulement.

Le Gouvernement doit avoir aussi ses journaux afin d'expliquer et d'exposer sa doctrine et ses décisions, car tout doit être clair et compréhensif. Cette presse gouvernementale doit savoir aller dans le sens des intérêts du Pays que des individus. Car le Gouvernement est pour le Pays et non pour des groupes d'individus.

La période Kongolaise actuelle est conjecturelle, on voit beaucoup de nos réellement Kongolais écrire des insanités sur la place publique au nom des Kongolais, avec intérêt sordide de salir le Pays, mais les dirigeants doivent sévir, car il y va de leur notoriété et de leur capacité e des magouvernementale. Ils doivent savoir que l'Histoire les suivra tôt ou tard.

C'est sur que quand on entre au Gouvernement, il faut voir le PAYS ET NON les individus ou groupes d'individus.

Dans tout ca, nous devons faire preuve de la Modestie dans tous nos écrits.

Professeur Mangala

Table des Matieres

BIBLIOGRAPHIE

BENAKOLE GROUPES.FR

BLOC DE POETE REBERT KABEMBA
MANGIDI.

CONGO @YAHOOGROUPES.FR

CONGO CITIZEN GROUPE.FR

CONGO FORUM

HISTOIRE DU ZAIRE. CIROKI, ISP-BUKAVU. PEOF. TSHIMANGA WA TSHIBANGU

INTERNAUTES KONGOLAISDE NOVEMBRE 2012 A DECMBRE 2013.

LES ECRITS DE CERTAINS INTERNAUTES DE NOVEMBRE 2012-DECEMBRE 2013.

LES GROUPES CRIS DES OPPRIMES.

PHARE DE TROPIQUES

POTENTIEL

WAKEPIDIA ENCECLOPEDIE

ET LES AUTRES...

Mbangu Mangala,

Il naquit au Kasaï, le 20 Décembre, l'an 1945.
Des parents modestes, il débutera ses études
primaires à la mission catholique Tshikula, et au
centre scolaire rural de Kamuandu; il finira sa
formation scolaire primaire à Kanyama, province
du Shaba,
Il termina les secondaires à Luluabourg, Kasaï
Occidental. Il est ancien des Collèges St Georges
à (Ngandajika), Pie X (Kananga), et de l'Athénée
de Luluabourg (Section Normale). Il fera des
universites à Lovanium, à l'UOC (Shaba), et à
ULC (Kisangani).
Il décrocha un titre en Psychologie et en
Education, comme licencié.
Il travaillera au Ministère de l'Education nationale
pour une période de trente ans, il occupera tous
les échelons de ce Département : Enseignant au
Secondaire, de l'attaché de bureau au Directeur
du Département pendant plus de quinze ans. On
l'appellera souvent Conseiller.
Il participera à beaucoup de conférences
internationales et missions officielles dans le
Monde, il animera la Radio scolaire et plusieurs
directions du Département de l'Education
Nationale.
Depuis 1995, il vit aux USA, où il a été visiting
scholar à Harvard University pour deux ans ; il
parachèvera ses études en accrochant le titre
américain de Master in Education. Il s'occupe
maintenant des recherches dans beaucoup
d'Universités américaines dans le cadre de
Doctorat en Management.

Il est marié à Tshituka Angel Mbangu, et il père de plus de dix enfants.

****

www.ingramcontent.com/pod-product-compliance
Lightning Source LLC
Chambersburg PA
CBHW081324310526
45789CB00018B/2314